MÉMOIRE

POUR LES PORTEURS D'ACTIONS

DU CHEMIN DE FER DE VERSAILLES

(RIVE GAUCHE)

CONTRE LES ANCIENS ADMINISTRATEURS

Et ceux d'entre eux qui se prétendent aujourd'hui liquidateurs
de la Société

ET CONTRE LA COMPAGNIE DU CHEMIN DE FER DE L'OUEST

———◦◦◦———

PARIS

IMPRIMERIE DE GUSTAVE GRATIOT
RUE MAZARINE, 30

—

1855

(1)

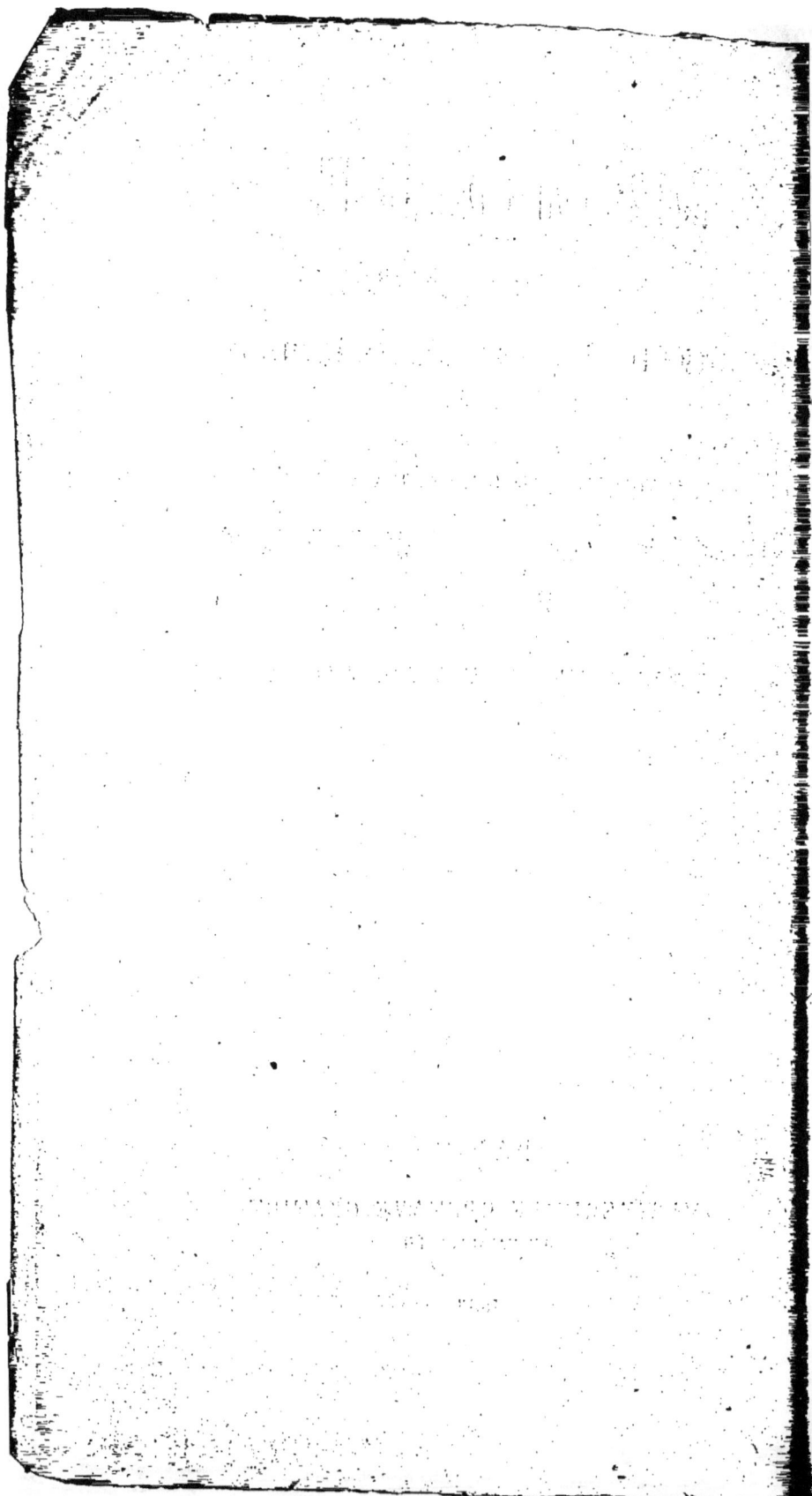

MÉMOIRE

POUR LES PORTEURS D'ACTIONS

DU CHEMIN DE FER DE VERSAILLES
(Rive gauche)

Paris. — Imprimerie de GUSTAVE GRATIOT, rue Mazarine, 30.

MÉMOIRE

POUR LES PORTEURS D'ACTIONS

DU CHEMIN DE FER DE VERSAILLES

(RIVE GAUCHE)

CONTRE LES ANCIENS ADMINISTRATEURS

Et ceux d'entre eux qui se prétendent aujourd'hui liquidateurs
de la Société

ET CONTRE LACOMPAGNIE DU CHEMIN DE FER DE L'OUEST

PARIS

IMPRIMERIE DE GUSTAVE GRATIOT
RUE MAZARINE, 30

—

1855

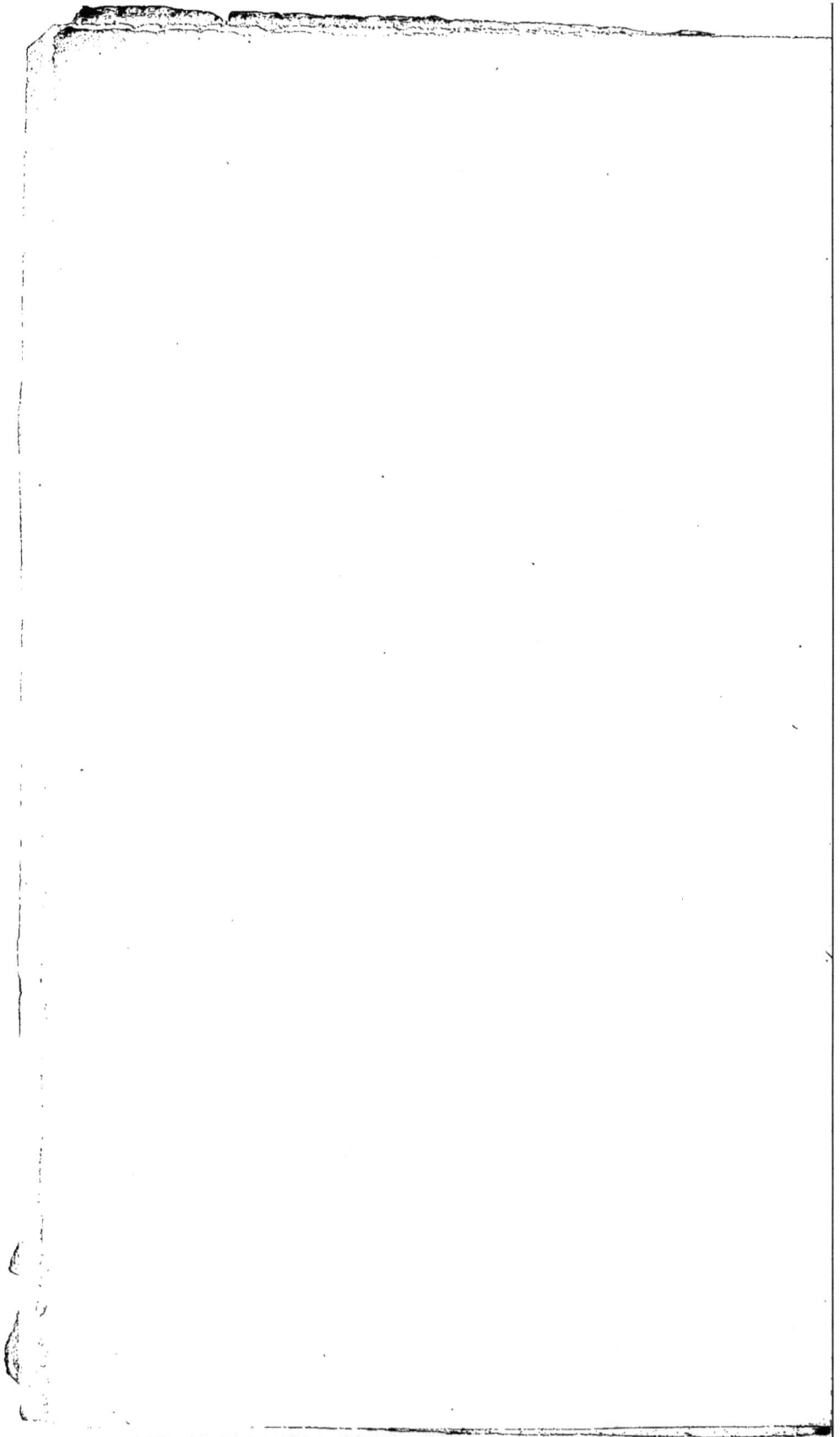

MÉMOIRE

POUR

Les porteurs d'actions du chemin de fer de Versailles (rive gauche)

CONTRE

Les anciens administrateurs et ceux d'entre eux qui se prétendent aujourd'hui liquidateurs de la Société

ET CONTRE

La Compagnie du chemin de fer de l'Ouest

———

Ce Mémoire portera la lumière dans une affaire que d'autres ont intérêt à obscurcir. Dépouillés et souffrants, nous dirons nos plaintes sans colère. Exposer les faits, c'est établir notre droit. Nous mettons ce droit sous la protection des Tribunaux, recours du faible contre le fort; nous appelons la justice à notre aide, après nous être adressés vainement à la conscience de nos adversaires.

Le récit des faits simplement racontés forme la première partie de notre Mémoire; dans la seconde partie, nous dirons en peu de mots nos réclamations. Devant nos juges, les développements nécessaires compléteront notre défense.

Nous demandons l'attention, nous espérons les sympathies de nos lecteurs.

1

PREMIÈRE PARTIE

FAITS ET ACTES

I. — Le 9 juillet 1836, MM. B.-L. Fould, Fould Oppenheim et N. Léo obtinrent la concession du chemin de fer de Paris à Versailles (rive gauche), pour 99 années, expirant le 24 mai 1936.

Une Société anonyme fut formée, suivant un acte reçu par M. Hailig et son collègue, notaires à Paris, les 14, 17 et 18 août 1837, pour la construction et l'exploitation de ce chemin de fer.

L'acte constitutif de la Société fut approuvé par une ordonnance royale, sous la date du 23 août suivant.

Il est utile de faire connaître les principales stipulations de cet acte.

MM. Fould et Léo font apport de leur concession à la Société, sans autre engagement pour elle, que de satisfaire aux obligations et clauses du cahier des charges.

Le fonds social est fixé à huit millions et représenté par 16,000 actions de 500 fr. chacune. On ajoute, toutefois, qu'il pourra être porté à dix millions, en vertu d'une délibération de l'assemblée générale, au moyen d'une émission supplémentaire de 4,000 actions. Cette émission a eu lieu depuis.

Les 16,000 actions de fondation sont réparties par l'art. 5 de l'acte entre les concessionnaires et plusieurs banquiers ou capitalistes qui y figurent avec eux; de telle sorte qu'au moyen de leurs souscriptions, le fonds social se trouve complet, au moment de la formation de la Société.

Le Conseil d'administration se compose de neuf membres choisis par l'assemblée générale. Chacun d'eux doit justifier de la propriété de 50 actions nominatives, qui demeurent inaliénables pendant la durée de leurs fonctions (art. 17). Le Conseil d'administration se renouvelle par tiers chaque année; mais les membres sortants peuvent être réélus (art. 18).

Le directeur est chargé de la gestion de la Société dans ses détails journaliers ; il doit se conformer à toutes les décisions du Conseil et veiller à leur exécution (art. 24).

L'assemblée générale se réunit au siége de la Société, dans la seconde quinzaine de novembre de chaque année. Indépendamment des assemblées générales annuelles, le Conseil d'administration peut en convoquer d'extraordinaires, toutes les fois qu'il le juge nécessaire (art. 30).

« Si, par suite de circonstances imprévues (est-il dit dans l'art. 39), le Conseil d'administration vient à reconnaître la nécessité d'une dissolution de la Société avant l'expiration du terme fixé pour sa durée, on convoque l'assemblée générale des actionnaires qui peut prononcer la dissolution anticipée de la Société. — La délibération à ce sujet est prise dans la forme fixée par l'art. 39. »

L'art. 39 s'exprime ainsi :

« L'assemblée générale peut faire subir aux statuts de la présente Société les modifications que l'expérience fera reconnaître nécessaires. — La délibération de l'assemblée générale, prise à ce sujet, n'est valable qu'autant que les membres présents réunissent dans leurs mains la moitié plus une des actions composant le fond social ; et que la décision est prise à la majorité de deux tiers des voix qui concourent à la délibération. »

Terminons par l'article 38, relatif à la liquidation de la Société.

« Lors de la dissolution de la Société (est-il dit dans cet article), de quelque manière qu'elle arrive, l'assemblée générale détermine le mode de liquidation, choisit un ou plusieurs liquidateurs, et fixe par une délibération l'étendue de leurs pouvoirs et leurs émoluments. »

II. — Que s'est-il passé dans les premières années qui ont suivi la constitution de la Société?

Ici nos documents sont incomplets, et nous devons nous borner à signaler deux points capitaux.

Le premier, c'est que les concessionnaires, et ceux qui avaient figuré avec eux dans l'acte social, s'étaient étrangement trompés sur la dépense qu'exigerait la construction du chemin de fer, ou que les travaux en avaient été bien mal dirigés ; puisqu'après l'absorption du capital social fixé dans l'acte, ainsi que des deux millions supplémentaires, on fut obligé de faire à l'État un emprunt de cinq millions, pour mettre ce chemin en état d'exploitation (1).

_____

(1) Voici quelques lignes d'un rapport fait à l'assemblée générale du 24 octobre

Le second, c'est que les actions représentant le capital social étaient restées peu de temps dans les mains de ceux entre lesquels elles avaient été d'abord réparties ; et que, négociées presque immédiatement à des conditions plus ou moins avantageuses, elles sont en grande partie possédées aujourd'hui par de petits rentiers, des artisans ou des ouvriers qui avaient espéré faire un placement utile de leurs modestes économies.

III. — Le chemin de fer de la rive gauche fut livré à la circulation au mois d'octobre 1840.

On s'explique facilement que les trois premières années de l'exploitation n'aient pas présenté des résultats satisfaisants pour les actionnaires, à cause des dépenses qui restaient à faire, soit pour certains travaux à achever, soit pour le matériel à compléter.

Tout ce qu'on pouvait raisonnablement exiger dans cet intervalle d'épreuve, c'étaient des états de situation clairement établis, et des comptes rendus avec exactitude.

Malheureusement il n'en fut pas ainsi, et le Conseil d'administration le reconnaît lui-même, dans son rapport fait à l'assemblée générale du 23 décembre 1844.

« Dans notre rapport du 10 février dernier (y est-il dit), nous vous avons annoncé qu'un de nos premiers devoirs serait de mieux classer votre comptabilité, pour l'établir d'après les bases adoptées par les autres Compagnies de chemins de fer, *et rétablir les comptes tels qu'ils doivent l'être réellement,* en dégageant les comptes d'exploitation des années antérieures, de sommes importantes indûment portées à ces comptes, et qui doivent être comprises au compte d'achèvement du chemin. Mais ce travail devant être fait avec toute l'exactitude possible, pour être à l'abri de toute contestation, n'est pas encore terminé. Nous vous présentons donc votre bilan établi aussi complet que ce travail non terminé a permis de le rédiger. »

1842, par une commission de sept membres, au nombre desquels était M. de Sauville.

« Tout a été irrationnel dans ce travail (celui du val Fleury) entrepris sans études suffisantes, sans devis arrêtés, sans maturité ; il a triplé en dépenses toutes les prévisions.

« ... C'est contre l'ensemble des travaux et le système contraire à la publicité qui a présidé à leur confection qu'il fallait s'élever : c'est, d'une part, pour les avoir livrés aux entrepreneurs sans les avoir fait suffisamment étudier ; pour les avoir donnés sans soumission publique ; c'est pour avoir été amenés à donner à deux entrepreneurs seulement, faute de traités bien établis, plus de 1,100,000 fr. d'indemnité ; c'est enfin, pour avoir à leur occasion engagé la Compagnie dans des procès sans nombre, et qui tous ont été malheureux ! »

Il nous semble que l'intervalle de *près de dix mois* qui s'était écoulé depuis la dernière assemblée générale était bien suffisant pour réparer le désordre signalé dans les comptes précédents ; et qu'il était temps de présenter aux actionnaires des états de situation parfaitement réguliers, au lieu d'aperçus plus ou moins incomplets.

Quoi qu'il en soit, il convient de s'arrêter quelques instants sur ce rapport du 23 décembre 1844, l'un des documents les plus importants de l'affaire, puisque les administrateurs de la Société prétendent y trouver le droit de disposer arbitrairement de son actif, *quand et comme ils le voudraient.*

Il s'agissait alors de la concession du chemin de fer de l'Ouest, qui devait avoir son entrée à Paris par l'un des chemins de fer de Versailles, ou par les deux conjointement. C'était le sujet d'une lutte sérieuse entre les Compagnies de la rive droite et de la rive gauche.

Les administrateurs s'occupent d'abord des pouvoirs que leur avait donnés, au mois d'avril, une assemblée générale qui ne réunissait pas un nombre suffisant d'actionnaires, pour que ces pouvoirs fussent réguliers :

« A l'effet de ratifier le traité passé entre eux et la maison Laffitte, Blount et compagnie, pour la formation d'une société qui, se confondan avec celle de Versailles (rive gauche), avait soumissionné le chemin de fer de l'Ouest. »

Ils font ensuite connaître aux actionnaires le désir du gouvernement, qu'un traité intervint entre les Compagnies de la rive gauche et de la rive droite, pour que le chemin de l'Ouest fût exploité concurremment par les deux voies jusqu'à Versailles, ainsi que les circonstances qui avaient retardé jusqu'alors l'approbation par le gouvernement du traité que ces deux Compagnies s'étaient empressées de conclure.

Ils continuent en ces termes :

« Nous avons donc actuellement la certitude qu'une grande ligne, traversant l'ouest de la France, viendra s'embrancher sur notre chemin, si ce n'est exclusivement, au moins pour la moitié de l'exploitation : c'est un fait acquis, d'une grande importance ; les études sont actuellement terminées et une partie des travaux adjugés.

« La Chambre devant bientôt se réunir, M. le Ministre des travaux publics nous a demandé si nous étions toujours dans l'intention de donner suite au projet de fusion. Nous lui avons répondu que nous ne voyions pas de motifs pour repousser aujourd'hui ce que nous avions approuvé, il y a peu de temps, et que nous étions prêts à traiter sur les mêmes bases. *Dans cette position et dans la prévision de la réalisation de ce traité*, nous venons,

Messieurs, vous demander les pouvoirs les plus étendus, pour consentir à la réunion des deux Compagnies.

« Quelque éloignés que nous soyons de revenir sur ce qui a été convenu, des obstacles imprévus pourraient cependant s'opposer à la fusion, et, dans cette prévision, nous avons dû nous préparer à recommencer la lutte qui pourrait renaître. Votre traité avec la maison Charles Laffitte, Blount et compagnie, subsiste toujours ; ce traité stipulant pour le cas de la réunion comme pour celui de la concession du chemin de Chartres, nous permet de soumissionner de nouveau la concession de ce chemin, et d'offrir au Gouvernement des conditions aussi avantageuses que toutes celles qui pourraient lui être faites par d'autres Compagnies.

« Par cette raison, nous vous demanderons encore, Messieurs, les pouvoirs suffisants pour traiter dans l'hypothèse d'une concession du chemin de Chartres, soit à votre Compagnie, soit à toute autre. »

Les administrateurs formulent ensuite, dans leur rapport, les pouvoirs dont ils désirent être investis, soit en cas de fusion avec la rive droite, soit en cas de non fusion.

Laissons de côté ce qui touche à la fusion qui n'a pu s'opérer.

Voici les pouvoirs vraiment exorbitants conférés sur leur demande aux administrateurs de la rive gauche :

1° « D'approuver et de ratifier les soumissions déjà faites par le Conseil, de concert avec la maison de banque Ch. Laffitte, Blount et compagnie, tant à M. le Ministre des travaux publics, qu'à M. le Ministre des finances, les 30 mars et 20 avril dernier, pour la continuation du chemin de fer de la Compagnie sur Chartres ; autoriser ce Conseil à faire auxdites soumissions toutes modifications qu'il jugera utiles aux intérêts de la Société ;

2° « D'approuver les conditions faites ou à faire avec la maison de banque Ch. Laffitte, Blount et compagnie ou toute autre maison de banque ou capitaliste, relatives à ces diverses opérations et qui en sont ou en seront la conséquence ;

3° « De conférer au Conseil les pouvoirs les plus étendus, à l'effet de traiter avec tout concessionnaire de la ligne de l'Ouest, soit de la vente de l'actif de la Société, soit de son apport dans toute autre Société, aux meilleures conditions qu'il pourra obtenir.

« Dans tous les cas, de prononcer et déclarer la Société dissoute, soit à partir du jour de la promulgation de la loi qui aura concédé le chemin de Chartres à la Compagnie de la rive gauche, pour ladite Société être immédiatement reconstituée sous le titre du chemin de fer de l'Ouest, soit à partir du jour de la fusion définitivement consentie avec la rive droite, soit du jour de la vente, faite par le Conseil, de l'actif de la Société à tout concessionnaire de la ligne de l'Ouest, soit du consentement donné par le Conseil à l'apport de l'actif de la Société dans la Société nouvelle ;

« D'autoriser le Conseil à nommer, s'il y a lieu, tels liquidateurs qu'il jugera utile, à l'effet de faire la liquidation de la Société, d'après les conditions de vente, réunion ou fusion consenties par le Conseil ; et de faire à cet effet toutes publications, insertions et autres actes nécessités par cette liquidation.

« De conférer au Conseil tous les pouvoirs mentionnés dans l'art. 38 de l'acte de Société. »

IV. — Comment les actionnaires peuvent-ils aussi complétement abdiquer leurs droits ? Comment des hommes qui viennent de confesser eux-mêmes leur incapacité administrative, peuvent-ils réclamer de tels pouvoirs ?

La réponse se présente d'elle-même, quand on sait avec quelle facilité, quelques précautions prises d'avance assurent les résolutions les plus étranges dans ces nombreuses assemblées.

A l'égard des actionnaires, il y avait un déplorable aveuglement ; à l'égard des administrateurs, un projet arrêté d'avance de mettre en pratique l'axiome dont la vérité a été depuis longtemps reconnue, que les actionnaires ne sont qu'une pâture livrée à la cupidité de ceux qui devraient les protéger.

V. — Cependant le pouvoir d'*aliéner leur propriété* semblait trop exorbitant à l'assemblée ; et voici ce que nous lisons dans le procès-verbal, d'ailleurs fort laconique, de la réunion dans laquelle les administrateurs firent le rapport que nous venons d'analyser.

— « Un actionnaire fait observer que le pouvoir de vendre l'actif lui paraît inutile, *attendu que les actionnaires, pour la plupart, désirent conserver leurs titres et en obtenir en échange de nouveaux dans la Compagnie concessionnaire du chemin de Chartres, quelle qu'elle soit ;* que ce ne sera pas une vente de l'actif, mais un apport.

« Le président répond que les mots *vente* ou *apport* importent peu ; que le Conseil d'administration entend bien apporter l'actif de la Société dans une nouvelle Compagnie, étrangère ou non, à laquelle sera concédé le chemin de fer ; que cet apport à une Compagnie nouvelle, *payable en actions*, ne saurait être autre chose qu'une vente. »

Cette explication est plus subtile que solide. Assurément ce sont deux choses très-distinctes, que de vendre le chemin de fer aux nouveaux concessionnaires, moyennant une somme ou une redevance fixe par action, ou de devenir les participants de ces concessionnaires, dans la proportion de l'apport de la tête de ligne du chemin qu'ils doivent exploiter. Dans le premier cas, les anciens actionnaires du chemin de fer de Versailles reçoivent une indemnité plus ou moins avantageuse du droit de copropriété, résultant de leurs actions ; dans le second cas, au contraire, ils deviennent copropriétaires d'un chemin de fer plus étendu, dont celui qu'ils avaient construit fait partie, et peuvent profiter dans l'avenir de toutes les chances avantageuses attachées à ces sortes d'exploitations : c'est, en d'autres termes, et sauf la quotité de leur intérêt, leur conserver dans le chemin de l'Ouest la position qui leur appartenait dans le chemin de fer de Versailles ; et nous aurons bientôt l'occasion de faire remarquer, que cette position réclamée par un membre de la réunion du 23 décembre 1844, était précisément celle qu'avait assurée aux actionnaires un traité solennel, que les administrateurs ont cru pouvoir anéantir, quoiqu'il fût leur œuvre et l'exécution complète du mandat à eux conféré.

VI. — Avant de reprendre la suite des faits, il convient de rappeler ici qu'aux termes des statuts de la Société, les membres du Conseil d'administration devaient être renouvelés par tiers chaque année, mais que les administrateurs sortants pouvaient être réélus.

Plus tard nous aurons à examiner, en fait, si les membres du Conseil d'administration qui ont prétendu faire usage, à diverses époques, des pouvoirs contenus dans la délibération du 23 décembre 1844 étaient bien les mêmes que ceux auxquels ces pouvoirs avaient été conférés ; en droit, si des pouvoirs aussi illimités donnés aux personnes qui composaient alors le Conseil d'administration, avaient pu être exercés par ceux qui les avaient remplacés depuis, comme membres de ce Conseil.

VII. — Nous ne citerons que de très-courts extraits des rapports faits aux assemblées générales du 10 janvier 1845 et du 4 décembre 1848.

On lit dans le premier :

« Vous connaissez les nouveaux traités qui ont été arrêtés (ils étaient relatifs à la fusion des deux lignes de Paris à Versailles) ; ils ont été insérés en entier dans le *Journal des Chemins de fer*, et nous nous sommes empressés de vous les faire connaître, particulièrement par notre circulaire du 3 juin dernier.

« *L'approbation donnée par la commission de la Chambre et le gouvernement à ces divers traités prouvent que vos intérêts ont été sauvegardés...*

« ... Cette commission a pensé qu'après les changements apportés aux stipulations primitives, et sur lesquels les assemblées générales n'avaient pu être appelées à délibérer, les pouvoirs conférés par les deux Compagnies n'étaient peut-être pas suffisants, ou qu'au moins les engagements pris en vertu de ces pouvoirs avaient besoin d'être revêtus de l'assentiment des actionnaires de ces deux Compagnies. »

Après avoir fait ressortir l'étendue des pouvoirs à eux conférés par la délibération du 23 décembre 1844, les administrateurs ajoutent :

« Mais voulant satisfaire, d'une part, au désir exprimé par la commission, et de l'autre, désireux que nous sommes, avant de nous présenter de nouveau devant la Chambre, de vous faire connaître tout ce que nous avons fait, nous vous avons convoqués en séance extraordinaire afin que vous soyez aussi nombreux que possible, tant pour vous demander d'approuver tout ce qui a été fait, que pour vous dire que nous continuerons jusqu'au bout de défendre vos intérêts, d'après les pouvoirs que vous nous avez confiés. »

Les faits, dont nous aurons bientôt à rendre compte, apprendront ce qu'il faut croire de ces vives protestations.

Bornons-nous à dire que puisque, dans la pensée des administrateurs, l'approbation de la Chambre et du Gouvernement était une garantie pour les actionnaires de la loyauté d'un traité consenti dans leur intérêt, s'il arrivait plus tard qu'un traité fût intervenu, avec cette double approbation, ils devaient se garder d'y porter la moindre atteinte.

Dans son rapport de 1848, le Conseil d'administration admet, en matière de comptabilité, un principe que nous aurons plus tard à invoquer nous-mêmes.

« Il a semblé à votre conseil (est-il dit à la fin de ce rapport) que quand des comptes avaient été rendus et approuvés en assemblée générale, il n'y avait pas lieu de les réexaminer de nouveau, ou qu'au moins cela ne concernait pas la commission de comptabilité ; car cette commission se renouvelant chaque année, il en résulterait que chaque année la commission aurait le droit de discuter le passé.

« Il a été dit à M. D... : *Prouvez qu'il y a nécessité à la révision de ces comptes anciens ;* faites nommer, si les actionnaires le trouvent bien, une commission spéciale, nous n'avons pas à nous y opposer ; mais au moins, si une commission spéciale est nommée, si, d'après son rapport, les comptes anciens sont de nouveau apurés, ce sera une affaire terminée, il n'y aura plus à y revenir. »

Il s'agit moins ici d'une question de forme que d'une question du fonds ; et nous prenons acte de cet aveu de MM. les administrateurs : que s'il n'entre pas dans les attributions de la Commission annuelle de comptabilité de procéder à une révision générale des comptes, cette mission peut être conférée à des commissaires spéciaux et mieux encore à des experts nommés par la justice, sur la demande des parties intéressées.

VIII. — Nous n'avons pas sous les yeux les autres rapports faits par le Conseil d'administration, aux assemblées générales des actionnaires, dans l'intervalle de 1844 à 1850.

Mais ils avaient dû être peu satisfaisants si nous en jugeons par le passage suivant d'un autre rapport fait à la séance du 1ᵉʳ mars 1850, et dont un exemplaire imprimé fait partie du dossier.

Voici, en effet, ce que nous lisons aux pages 9 et 10 :

« Tel est le compte que nous avons à vous rendre de notre situation financière. Des difficultés qui se sont élevées entre la Commission de comptabilité et nous, ne nous permettent pas de vous demander l'approbation de ces comptes, qui devront alors être, ainsi que ceux de l'année dernière, soumis à la nouvelle Commission que vous allez nommer.

« Nous allons vous faire connaître de quelle nature sont les difficultés qui se sont élevées entre votre Commission de comptabilité et votre Conseil d'administration.

« Vous avez voulu, dans votre dernière assemblée générale, qu'une commission spéciale de cinq membres fût nommée, non-seulement pour examiner les comptes de l'exercice, mais même pour porter ses investigations partout et sur tous les points où elle le jugera nécessaire, même sur les exercices précédents, pour examiner les dépenses faites, en apprécier et signaler les erreurs ou les fautes ; et, à cet effet, vous avez demandé que cette commission fût aidée par l'administration et le directeur, de toutes pièces et de tous registres et documents qu'elle croirait devoir vérifier, ou seulement connaître.

« Votre Conseil d'administration, représentant les intérêts de tous et surtout des absents, vous a fait alors observer que cette demande était contraire aux statuts qui fixent le nombre des commissaires à trois seulement, et ne leur confèrent d'autres pouvoirs que de vérifier les comptes de l'année écoulée ; que de revenir sur des comptes arrêtés et approuvés ne lui paraissait ni régulier ni possible. »

Quand on se rappelle que dans leur rapport de 1844, les membres du Conseil d'administration avaient reconnu eux-mêmes que des erreurs capitales s'étaient introduites dans le système de comptabilité par eux suivi jusqu'à ce jour ; qu'ils déclaraient en 1850, que le compte par eux présenté et celui de l'exercice précédent ne pouvaient être approuvés que par une nouvelle commission, il est permis de s'étonner de leur susceptibilité, relativement à l'observation littérale des statuts, soit à l'égard du nombre des membres de la commission de comptabilité, soit à l'égard de leurs attributions, *dans des cir-*

constances ordinaires; d'autant qu'en se retranchant ici dans une sorte de fin de non-recevoir, lorsqu'il s'agissait d'une commission spéciale à laquelle l'assemblée générale avait conféré des pouvoirs plus étendus, le Conseil d'administration se mettait en contradiction avec les principes auxquels il n'avait pu se dispenser de rendre hommage dans son rapport du 4 décembre 1848.

S'il est naturel que les parties intéressées cherchent à voir clair dans leurs affaires, il est aussi naturel, ce nous semble, que ceux qui les administrent ne refusent aucun des moyens utiles à la manifestation de la vérité. La loi n'a fait que sanctionner un principe de délicatesse et de loyauté, en déclarant que même dans un compte rendu en justice, les erreurs sont toujours réparables. Pourquoi n'en serait-il pas ainsi d'un compte compliqué, comme celui que comporte l'exploitation d'un chemin de fer, lorsqu'il n'a été l'objet que d'un examen superficiel de la part de trois personnes souvent peu familiarisées avec la comptabilité, et ensuite de l'approbation d'une réunion d'actionnaires, toujours donnée de confiance et en l'absence de tous documents propres à la justifier?

Aussi nous ne suivrons pas les rédacteurs du rapport du 1er mars 1850, dans les longues explications qu'ils donnent, au sujet des difficultés qui s'étaient élevées entre le Conseil d'administration et la commission de comptabilité, sur les tentatives de fusion entre les deux lignes de Paris à Versailles, plusieurs fois renouvelées sans succès : nous nous bornerons à recueillir quelques faits importants consignés dans ce rapport.

IX. — Le premier est relatif à un *traité verbal* que les administrateurs annoncent avoir conclu le 8 septembre avec un M. de Bertodano, dont le nom n'a jamais figuré parmi les notabilités commerciales et financières qu'on retrouve dans toutes les opérations de cette nature.

Voici en quels termes le rapport rend compte de ce traité, dont personne n'a jamais connu le texte :

— « D'après ces conventions (est-il dit, page 19 du rapport), M. de Bertodano et consorts s'engagent : 1° à terminer, aussitôt qu'ils en seront requis par l'État, les travaux qui restent à faire; 2° à faire à la voie les travaux de consolidation qui seront exigés par l'État, pour approprier cette voie au service des trains de l'Ouest; 3° à payer à leur échéance toutes les sommes dues par la rive gauche, soit à l'État, soit à toutes autres personnes; 4° à rendre, à l'expiration de leur jouissance, ledit chemin et son matériel, en bon état, franc, quitte et libéré de toutes dettes et charges généralement quelconques; 5° à payer chaque année aux actionnaires, à partir du 1er janvier 1850, un dividende de 8 francs par action et par année, jusqu'à l'expiration de la jouissance concédée ; 6° enfin, à payer chaque année une somme de 6,000 francs, pour les frais de direction et d'administration de la Compagnie, laquelle reste, bien entendu, chargée de veiller à la complète exécution des engagements et à la conservation de la propriété de la Compagnie, et de tous les rapports de la Compagnie vis-à-vis de l'État.

« Pour assurer à M. de Bertodano et consorts la participation des produits du chemin de la rive gauche, seule garantie des engagements par eux contractés, il leur sera fait abandon des recettes à faire sur ledit chemin, pendant quarante-sept années ; et pour qu'ils aient la certitude que les dépenses ne sont pas exagérées et que les recettes sont bien celles que peut produire le chemin, la gestion et l'administration du chemin leur est confiée, mais toujours, bien entendu, sous la surveillance continuelle et immédiate de la Compagnie.

« La Compagnie s'est réservé de réduire cette jouissance à neuf années, en remboursant à M. de Bertodano et consorts toutes les sommes payées par eux, en l'acquit de la rive gauche, ainsi que les dépenses d'achèvement et d'amélioration du chemin. Enfin, il est convenu que, dans le cas où M. de Bertodano et consorts deviendraient, soit personnellement, soit par une fusion avec une autre Société, concessionnaires du chemin de l'Ouest, les actions de la rive gauche seront reprises pour 400 francs, ou chaque actionnaire recevra 8 fr. 50 c. de rentes 3 pour 100 à son choix. »

X. — Dans notre opinion un tel traité était favorable aux actionnaires, surtout dans la situation fâcheuse où se trouvait la Société ; d'une part, menacée de poursuites par l'État qui voulait être remboursé de ses avances ; d'autre part, n'ayant pas à sa disposition les capitaux nécessaires pour l'amélioration d'un chemin de fer destiné à devenir incessamment la tête d'une grande ligne [1].

Ce traité n'emportait nullement l'aliénation de la propriété impor-

[1] Le rédacteur du *Journal des Chemins de fer* n'est pas de notre avis à ce sujet, parce qu'il ne s'occupe que de la *situation actuelle* de la Compagnie de la rive gauche, d'après le traité, sans considérer, qu'à la fin du bail, la Compagnie se trouverait libérée de toutes ses dettes, avec son chemin terminé et en bon état d'exploitation.

Voici du reste l'article publié par ce journal, numéro du 30 mars 1850, p. 230 :

« Les actions de la rive gauche sont tombées à 122 fr. 50 cent., par ce fait bien simple que ce chemin est donné à bail pour quarante-sept ans, moyennant le payement de 8 fr. par action et par an pendant dix ans, 9 fr. jusqu'à vingt ans, 10 fr. jusqu'à trente ans, 11 fr. jusqu'à trente-cinq ans, 12 fr. jusqu'à quarante ans, 13 fr. jusqu'à quarante-cinq ans, et 14 fr. pendant les deux dernières années.

« Cette progression représente, en tenant compte des intérêts, un prix moyen de 9 fr. par an, pendant toute la durée du bail. Les 8 fr. par an que l'on va toucher pendant dix ans permettent d'établir la valeur actuelle de l'action, en capi-

tante à la création de laquelle près de vingt millions avaient été employés, mais un simple abandon de jouissance, pendant un temps déterminé. Sans doute les avantages annuels étaient fort restreints, puisqu'ils se réduisaient pour chaque action de 500 francs à un revenu annuel de 8 francs, qui devait s'élever graduellement jusqu'à 14 francs ; mais enfin, après un intervalle de quarante-sept ans, les actionnaires rentraient dans la libre jouissance de leur chemin de fer, en bon état d'exploitation, dégrevé de toutes dettes et charges, avec l'expectative des beaux produits que devait leur faire espérer la ligne importante dont leur chemin de fer formait la première partie.

M. de Bertodano, inconnu dans la capitale, était-il pourtant un de ces hommes dont la caisse et le portefeuille inspirent une complète sécurité ? Avait-il, avec ses associés anonymes, des capitaux suffisants pour remplir la double obligation par lui contractée, de libérer la Compagnie de la rive gauche envers l'État, ainsi qu'envers ses autres créanciers, et d'exécuter toutes les améliorations à faire sur la voie ferrée, pour satisfaire aux conditions qu'exigerait le mouvement commercial qui allait bientôt s'établir sur cette ligne ?

Reconnaissant notre incompétence pour apprécier la valeur financière de la personne avec laquelle les administrateurs annonçaient avoir traité, nous emprunterons quelques lignes à l'article publié par le *Journal des Chemins de fer*, le 2 mars 1850, au sujet de la réunion des actionnaires qui avait eu lieu la veille :

« Quand le nom de M. de Bertodano a été prononcé, nous avons cherché, comme tout le monde, qui il pouvait être. Était-ce un être fantastique ? nous étions tenté de le croire ; car, de nos jours, sont rares les êtres humains disposés à jeter trois millions perdus dans la cédule d'une Compagnie aux abois ! Nous avons donc cherché, et le résultat de nos recherches est pour nous la conviction que ce traité ne sera pas exécuté. — M. de Bertodano a pu être nabab, plusieurs fois millionnaire ; mais l'est-il toujours ? Dans ce moment, il nous paraît remplir, pour la rive gauche, l'office de ces amis complaisants qu'un débiteur trouve quelquefois pour gagner du temps : il souscrit un billet de complaisance. »

XI. — Du reste, MM. les administrateurs eux-mêmes nous appren-

---

talisant ce revenu au même taux qu'on le fait pour le chemin d'Orléans..., c'est-à-dire qu'un revenu de 8 fr. ne représente qu'une valeur comparative de 107 fr. 37 c. pour l'action de la rive gauche.

« Voilà pourtant où les administrateurs de la rive gauche ont conduit leurs actionnaires par leur déplorable obstination ! »

nent (et c'est ici le second fait capital consigné dans leur rapport) qu'ils ont peu compté sur les capitaux ou le crédit de M. de Bertodano et consorts, puisqu'en résultat la compagnie de la rive gauche doit s'engager personnellement, pour procurer des fonds à ceux-là mêmes qui s'obligeaient à payer ses dettes, moyennant la jouissance temporaire de son chemin de fer.

« Pour faciliter à nos prêteurs (disent-ils page 24 de leur rapport) *les moyens de trouver les trois millions dus à l'État*, nous avons créé pour 3,700,000 fr. d'obligations. Cela vous prouve quelle prime on nous demandait pour un simple prêt de pareille somme : mais pour la Compagnie de la rive gauche, peu lui importe cette prime, puisque les prêteurs (M. Bertodano et consorts) *sont obligés de payer toutes les dettes de la Compagnie*. Si nous avons pris le parti que nous vous soumettons, c'est qu'en présence des demandes qui nous étaient faites pour le remboursement des 3 millions dus à l'État, en présence des 410,000 fr. qui doivent être payés à l'État chaque année, pour les intérêts restant dus après le payement des 3 millions, en présence de toutes les autres charges dont la Compagnie est encore grevée, et des dépenses indispensables à faire pour l'exploitation du chemin de l'Ouest; contracter un emprunt, c'était sauver l'existence de la Compagnie, mais aussi ajourner à un temps indéfini la répartition d'un dividende aux actionnaires *qui n'ont jamais rien touché*. Nous avons donc préféré ajourner de quelques années un dividende plus élevé et vous en assurer un dès cette année, mettant ainsi à la charge des preneurs toutes les chances défavorables, pour assurer aux actions un avenir dégagé de toute charge, puisque le chemin doit être rendu en bon état, ainsi que son matériel, et libéré de toute dette quelconque. Par cette combinaison, nous avons donc assuré aux actions, non-seulement le prix actuel offert par l'État, pour tout solde, mais encore un avenir progressif et une valeur importante : les actions deviennent ainsi des actions de capital augmentées d'une valeur progressive de jouissance. »

XII. — Certes, il était impossible de faire un panégyrique plus complet du traité de Bertodano. Ce qu'il fallait avant tout, c'est que ce traité reçût son exécution ; et nous allons voir tout à l'heure que l'opinion du rédacteur de l'article dont nous venons de citer quelques passages n'était malheureusement que trop bien fondée à cet égard.

Mais avant de rendre compte des circonstances assez extraordinaires qui se rattachent à la formation, à la durée et à la résiliation de ce traité mystérieux, fixons un point d'une grande importance, sur lequel il faudra bien obtenir plus tard des explications sérieuses de la part de MM. les administrateurs du chemin de fer, nous voulons parler des 3,700,000 francs d'obligations qu'ils ont fait souscrire à la Compagnie de la rive gauche, et qui constituent un titre de créance contre cette Compagnie, tant qu'elles ne seront pas acquittées.

D'après les premières lignes du passage que nous venons de transcrire, on serait fondé à penser que ces obligations ont été remises à M. Bertodano et consorts, pour leur faciliter le payement du capital de trois millions dû à l'État par la rive gauche et qu'ils s'étaient obligés de rembourser, en son acquit.

Il doit paraître assez singulier que la Compagnie de la rive gauche ayant cédé à M. Bertodano et à ses cointéressés la jouissance du chemin de fer pendant quarante-sept ans, pour prix de l'obligation par eux contractée de la libérer de ses dettes, notamment de celle envers l'État qui était la plus considérable et la plus urgente, ce soit elle qui ait souscrit les engagements, par la négociation desquels ce payement devait être effectué.

Mais ce qui est plus singulier encore, c'est que les obligations de 3,700,000 francs n'aient pas eu l'emploi auquel elles avaient été spécialement affectées ; de telle sorte que la dette de la Compagnie envers le trésor public étant restée la même, son passif se trouve accru du montant de ces obligations.

Les conséquences de cette non application de fonds eussent été moins fâcheuses, sans doute, si le traité verbal intervenu, le 10 septembre 1849, avec M. Bertodano et consorts, avait reçu sa complète exécution, puisqu'une clause spéciale de ce traité les obligeait, ainsi que nous l'avons vu, à libérer la rive gauche, soit envers l'État, soit envers ses autres créanciers ; mais la résiliation presque immédiate de ce traité a placé la Compagnie dans la plus fausse situation, d'autant que se présentent encore ici d'autres circonstances sur lesquelles MM. les administrateurs auront à donner des explications plus satisfaisantes que celles qu'on trouve dans leurs rapports successifs.

XIII. — Signalons un fait que nous nous abstenons de qualifier et qui peut donner la mesure de la loyauté du Conseil d'administration, dans les communications par lui faites aux malheureux actionnaires.

Ainsi qu'on vient de le voir, dans son rapport du 1er mars 1850, il convient avoir passé *avec Bertodano et consorts*, le 10 septembre précédent, un traité dont il fait connaître les conditions que nous avons nous-même reproduites en transcrivant ce passage du rapport.

Or, voici ce que nous lisons dans un extrait publié au greffe du tribunal de commerce de la Seine.

« D'un acte passé devant Me Achille-Nicolas Mayre, notaire à Paris, le 25 mars 1850, enregistré le 26, il appert :

« Qu'entre M. Charles-Samuel Stokes, négociant, demeurant à Londres, lors de l'acte dont est extrait, momentanément à Paris, logé hôtel de Bristol, place Vendôme,

« Et M. Édouard-Éloi Tharaud, ancien banquier, demeurant à Paris, rue Laffitte, 11,

« Il a été formé une Société en nom collectif à l'égard de MM. Stokes et Tharaud, et en commandite à l'égard de toutes les personnes qui deviendraient, par la suite, propriétaires des actions dont sera ci-après parlé, *pour l'exploitation du chemin de fer de Paris à Versailles, rive gauche,* avec faculté d'y joindre la construction et l'exploitation du chemin de fer de Paris à Palaizeau, avec embranchement sur celui de la rive gauche, aux conditions de la loi de concession qui serait obtenue de l'Assemblée nationale et du cahier des charges joint à cette loi;

« Que la Société a son siége à Paris, et qu'elle a pris la dénomination de Société d'exploitation du chemin de fer de Paris à Versailles (rive gauche);

« Que la raison sociale est *Stokes, Tharaud et Compagnie*;

« Que la Société a été formée *pour un délai de quarante-sept ans,* qui ont commencé a courir le 18 décembre 1849, *et finiront le 18 décembre 1896;*

« Que toutes les actions étant souscrites, la Société a été constituée à partir du jour de l'acte extrait;

« Que le fonds social a été fixé à la somme de 2 millions de francs divisés en deux mille actions de 1,000 fr. chacune;

« Et que la Société est administrée par deux gérants, MM. Stokes et Tharaud, sous la surveillance d'un conseil composé de cinq membres. »

Ainsi, l'on ne peut échapper à cette alternative : ou M. Bertodano était un mythe, un personnage imaginaire ; ou l'on ne doit voir en lui que le prête-nom des personnes avec lesquelles avait traité le Conseil d'administration de la rive gauche.

Prétendra-t-on qu'il s'agissait ici d'un second traité remplaçant celui qui avait été d'abord consenti au sieur Bertodano ?

Ce que les administrateurs ont annoncé depuis aux actionnaires ne permet pas d'admettre une telle supposition.

D'ailleurs, quelques simples rapprochements suffisent pour démontrer qu'il n'a été fait qu'un seul traité.

L'acte de société entre MM. Stokes et Tharaud n'est, en effet, que du 25 mars, mais il est évident qu'avant de contracter entre eux et avec les tiers, ils avaient dû traiter avec le chemin de fer de la rive gauche, au sujet de l'exploitation temporaire qui était l'unique objet de leur Société.

Quarante-sept années étaient la durée de leur jouissance, et c'est précisément pendant ce laps de temps que M. Bertodano devait exploitér le chemin, d'après le traité que les administrateurs annonçaient avoir passé avec lui.

Enfin MM. Stokes et Tharaud avaient manifestement le droit d'exploiter le chemin de fer *avant le 1er mars* 1850, puisqu'il résulte de l'acte de Société dont on vient de rapporter l'extrait, que les quarante-sept années de leur jouissance remontaient au 18 *décembre* 1849.

XIV. — On se demandera peut-être pourquoi MM. les administrateurs avaient indiqué aux actionnaires, comme fermier de leur chemin de fer, un homme tout à fait inconnu, s'il existait réellement, au lieu de faire connaître les deux associés avec lesquels ils avaient réellement traité, et qui étaient l'un et l'autre des notabilités financières sur les places de Paris et de Londres.

Voici pourquoi : M. Tharaud était président du Conseil d'administration du chemin de fer de la rive gauche ; il avait signé, en cette qualité, le rapport du 1er mars 1850 qui est sous nos yeux ; et il y avait quelque chose d'étrange, dans ce double rôle d'un administrateur stipulant pour les actionnaires, dans un traité qui l'intéressait personnellement.

Quant à M. Stokes, les rapports qui ont existé depuis entre lui et le Conseil d'administration le signalent comme ayant joué un rôle actif dans les divers actes par lesquels on a compromis d'une manière plus ou moins grave les intérêts des malheureux actionnaires ; et il importait dès lors de ne pas le faire connaître comme l'associé de M. Tharaud, dans ce premier traité.

Ce traité, quels qu'en aient été les titulaires, a-t-il reçu du moins une exécution sérieuse ? L'unique trace qu'il nous a été possible d'en découvrir, c'est l'estampille, sur un certain nombre d'actions, du payement du dividende de 4 fr. pour un ou deux semestres.

Quant aux travaux que la Compagnie fermière devait exécuter sur le chemin de fer, et aux dettes qu'elle était chargée d'acquitter, il n'en a jamais été dit un seul mot.

XV. — Nous arrivons au document le plus important de la cause, à celui qui doit fixer l'attention d'une manière particulière ; car il présente l'accumulation de toutes les circonstances qui signalent la déplorable administration (et nous pourrions certes employer une expression plus énergique) dont on voudrait rendre les actionnaires victimes[1].

---

[1] Du reste, il s'agit en quelque sorte ici d'un fait de notoriété publique. Voici

2

Aucune communication n'avait été faite aux actionnaires depuis le 1ᵉʳ mars 1850. Toutefois, le 21 septembre de cette année, il était intervenu un traité considérable qui, à cause de la haute sanction dont il se trouvait revêtu, semblait avoir fixé d'une manière définitive la position des actionnaires de la rive gauche.

Ce ne fut que le 9 juillet 1851 que l'assemblée générale fut convoquée et que les administrateurs lui firent un rapport dont nous devons citer plusieurs passages, en les accompagnant de nos observations.

Voici comment s'expriment MM. les administrateurs au début de leur rapport :

« La loi rendue le 13 mai dernier, concédant le chemin de fer de l'Ouest à la Compagnie soumissionnaire de ce chemin et à laquelle est annexé le traité passé entre votre conseil et M. *Stokes*, le 21 novembre 1850, justifie complétement le motif qui nous a fait retarder jusqu'à ce jour la convocation de votre assemblée générale.

« Nous avons à vous rendre compte, Messieurs, de notre gestion, *jusqu'au 1ᵉʳ avril* 1850, où nous avons livré à la Société Bertodano l'exploi-

---

ce que nous lisons dans le *Journal des Chemins de fer*, numéro du 20 janvier 1850, page 53 :

« Les malheureux actionnaires de Versailles (rive gauche) ont été, depuis la création de ce chemin jusqu'à ce jour, privés de tout revenu. Le capital engagé par eux est passé à l'état fantastique de ces successions d'outre-mer dont on ne retire jamais un sou. Cependant les actionnaires étaient habitués à lire chaque semaine le chiffre des recettes, — c'était une espérance, — et à recevoir chaque année, au mois de novembre, le compte-rendu de la situation de l'entreprise, — c'était une consolation. — Le Conseil d'administration les a privés de ces deux satisfactions, qui cependant ne tenaient pas lieu de dividendes. Il a cessé de publier les recettes hebdomadaires, et il n'a pas convoqué l'assemblée annuelle. Jusqu'à présent aucun Conseil d'administration n'avait osé transporter dans le gouvernement des intérêts le système du gouvernement turc qui administre dans l'ombre et qui a pour agents des muets. Les actionnaires de Versailles (rive gauche) avaient d'autant plus de droits à connaître la situation générale de l'entreprise, qu'on leur a caché les recettes de chaque semaine et qu'ils ne peuvent s'expliquer sans inquiétude cette accumulation de mystères.

« Nous rappellerons à ce sujet, et sous forme d'avis, à MM. les administrateurs, que l'ordonnance d'homologation des statuts porte qu'en cas de violation l'autorisation pourra être retirée. Les actionnaires, s'ils portaient plainte au ministre, en rappelant cet article des statuts, pourraient mettre les administrateurs dans un certain embarras. Nous conjurons donc ces messieurs de convoquer au plus tôt l'assemblée annuelle, afin de dissiper les inquiétudes des porteurs d'actions et de prévenir quelque mercuriale sérieuse de la part de l'autorité. »

C'est sans doute parce qu'ils étaient ainsi mis en mesure que ces messieurs convoquèrent l'assemblée générale du 1ᵉʳ mars 1850.

tation du chemin et des traités que nous avons consentis pour faciliter aux soumissionnaires l'obtention de la concession du chemin de fer de l'Ouest. »

Ainsi, encore à cette époque du mois de juillet 1851, on continue à parler du traité fait avec la Société *Bertodano*, quand l'acte authentique dont nous avons donné l'extrait prouve que, dès le 25 mars 1850, cinq jours avant l'époque de la prise de possession du chemin de fer de Versailles, MM. *Tharaud* et *Stokes* étaient les seuls associés en nom collectif pour l'exploitation de ce chemin.

Nous n'avons pas à nous occuper des comptes rendus par les administrateurs et dont ils demandent l'approbation, ainsi que de ceux des précédents exercices qui n'avaient pu être approuvés jusqu'alors, par suite des difficultés qui s'étaient élevées entre eux et la Commission de comptabilité.

« Vous vous rappelez, Messieurs, que par le traité, approuvé par vous, le 1er mars 1850, vous avez livré, pendant 47 ans, votre exploitation à M. Bertodano, *stipulant tant en son nom qu'au nom des personnes qu'il se réservait de faire connaître* (c'est pour la première fois qu'on trouve cette phrase incidente dans les rapports du Conseil d'administration, sans doute parce qu'on pouvait craindre que les actionnaires ne connussent par hasard les noms de ceux avec lesquels il avait traité), à condition de terminer le chemin et de le mettre en parfait rapport avec le chemin de l'Ouest, dont l'exploitation se ferait sur votre ligne...

« Le gouvernement commença des poursuites. Comme nous avons facilité à la Société fermière le payement de notre dette, en souscrivant au profit de cette Société pour 3,700,000 francs d'obligations qui étaient déposées à la banque de Birmingham, nous étions parfaitement assurés que, quand nous l'exigerions, l'État serait payé. Les poursuites qui étaient exercées contre nous n'avaient donc rien qui pût nous inquiéter et compromettre notre situation vis-à-vis toute personne voulant soumissionner le chemin de l'Ouest, en nous privant de jouir, pour ce payement, des 60 années promises par la loi du 31 juin 1846; nous avions, comme la Société d'exploitation, intérêt à n'effectuer aucun payement. »

XVI. — Il y a quelque maladresse de la part de MM. les administrateurs à rappeler aux actionnaires ce qui s'était passé dans l'assemblée générale du 1er mars 1850 ; car voici quelques passages du compte rendu de cette assemblée, que l'on trouve dans le *Journal des Chemins de fer* du lendemain 2 mars.

« Un membre monte à la tribune et combat ces traités. Il cite les pouvoirs donnés en 1844, et dit que l'administration a outrepassé le droit qui lui a été conféré, attendu qu'ils ne l'autorisent pas à affermer le chemin pour 47 ans. Venant à parler des faits de l'administration et de la *démission de quatre administrateurs en* 1848, il soulève une tempête de cris.

« ... Plusieurs actionnaires demandent la parole; les partisans, quand même, de l'administration mumurent de plus belle; et un tumulte effroyable règne dans la salle; on vote la clôture de la discussion; on met aux voix l'acceptation des traités; quelques actionnaires demandent le vote au scrutin. Après un nouvel orage et une discussion violente, on introduit le *quos ego* des actionnaires, sous la forme d'un commissaire de police, ceint de son écharpe et suivi d'une escouade de sergents de ville. Cette entrée mit fin aux aménités que l'on se lançait réciproquement, et l'on passe au scrutin pour l'acceptation des traités, dont voici le résultat : 333 voix pour, 110 contre.

« On procède à la nomination de six administrateurs, qui sont : MM. Dequevauviller, Durand Sainte-Rose, La Géronière, Basche, de Guernon, Fety-Place. »

Remarquons que rien ne constate que les 333 votants représentent la majorité des actions exigées par les statuts.

XVII. — Mais revenons au passage du rapport du 9 juillet 1851, que nous venons de citer.

On sait que, dans l'origine, les obligations de 3,700,000 fr. avaient été créées pour libérer la Société de la rive gauche envers l'État, jusqu'à concurrence de 3 millions. Les administrateurs annoncent d'abord que c'est au profit de la Compagnie fermière que les obligations avaient été souscrites, pour lui faciliter ce payement, ce qui doit sembler extraordinaire, lorsque, par son traité, elle s'était obligée à l'effectuer; mais ce qui est plus extraordinaire, c'est que les administrateurs, après avoir livré aux sieurs Bertodano et consorts les obligations dont il s'agit, les dispensent de leur donner la destination convenue, sans doute afin de pouvoir en disposer à leur gré, comme nous le verrons bientôt; car puisque les fermiers étaient également chargés de faire tous les travaux nécessaires pour mettre le chemin de fer en bon état d'exploitation, il était inutile de leur fournir la somme que ces travaux pouvaient nécessiter.

Ce que disaient les administrateurs, le 9 juillet 1851, sur le prétendu intérêt qu'avait leur Société à ne pas payer l'État, n'est guère d'accord avec le passage suivant de leur rapport du 1er mars 1850 (page 20), sans doute parce qu'à cette dernière époque ils voulaient justifier la nécessité de l'emprunt, tandis qu'au mois de juillet 1851, il s'agissait de justifier, tant bien que mal, le défaut d'emploi de cet emprunt :

— « Les refus que nous avons éprouvés des soumissions de tout genre que nous avons proposées, le rejet des propositions de la Société de l'Ouest à laquelle nous nous étions réunis, tous ces traités nous ont prouvé *que tant que la rive gauche ne serait pas libérée de sa dette envers l'Etat,* on conserverait l'espoir de vous amener à merci, soit pour une fusion, soit pour un rachat : aussi nous *avons acquis la conviction qu'il fallait payer et nous rendre indépendants.* »

XVIII. — Le rapport continue ainsi :

« M. Stokes vint nous communiquer son intention de soumissionner le chemin de fer de l'Ouest. De nombreux pourparlers eurent lieu ; et le ministre des travaux publics nous fit connaître à quelles conditions le gouvernement consentirait à admettre une proposition. »

C'est alors, pour la première fois, que l'on parle de M. Stokes, comme d'une personne avec laquelle on n'aurait eu aucun rapport jusqu'à ce jour, tandis qu'il était un des deux associés-gérants de la Compagnie à laquelle on avait affermé l'exploitation du chemin de fer pour 47 ans ; l'autre associé était M. Tharaud, qui avait stipulé dans le traité, pour la Compagnie de la rive gauche, comme président de son Conseil d'administration.

Après avoir énuméré les diverses conditions que le ministre exigeait de la Compagnie Stokes, pour accepter sa soumission, les administrateurs s'expriment ainsi dans leur rapport :

— « Quant à la deuxième condition, celle de la cession de votre exploitation, la Compagnie de l'Ouest prenait l'engagement d'exploiter le chemin de la rive gauche, à ses risques et périls, pendant le temps restant à courir de votre concession, et d'entretenir ledit chemin en bon état, à la charge par nous de lui abandonner pendant cette exploitation le matériel fixe et mobile de la Compagnie, ainsi qu'il avait été livré à la Société d'exploitation, et de ne recevoir, à titre d'abonnement et à forfait, que la moitié des produits perçus, pour le parcours de la rive gauche, sur les voyageurs et marchandises de toute nature parcourant tout ou partie de ce chemin, la Compagnie de la rive gauche ne restant plus chargée que du payement de ses dettes, toutes les autres charges devant être supportées par la Compagnie de l'Ouest.

« C'était, en définitive, un traité d'exploitation à 50 p. 100 des produits. *Nous avons dû y consentir, pour des motifs que nous allons vous exposer.*

« Il résulte des comptes précédents qui vous ont été rendus, que les frais d'exploitation du chemin de fer ont toujours coûté à la rive gauche de 70 à 75 p. 100 de ses produits. Il n'en pouvait être autrement : le chemin n'étant pas terminé, les frais d'exploitation étaient augmentés chaque année, de tous les frais causés par les travaux exécutés ; et notre situation financière ne nous permettait pas de voir promptement un terme à cet achèvement et aux travaux nécessités par le passage des trains de l'Ouest, tels que maisons de gardes à construire, passages à niveau à supprimer, voies à renouveler. Le personnel d'exploitation nécessairement presque aussi nombreux pour un chemin de 17 kil. que pour un chemin d'une étendue beaucoup plus grande, surtout avec nos nombreux passages à niveau, et surtout avec un personnel de bagages et marchandises coûtant presque autant qu'il rapporte, ne nous permettait de réaliser une réduction, qu'en obtenant un prolongement, ou en confondant notre exploitation avec celle de la Compagnie propriétaire de ce prolongement, notre matériel restreint ne suffisant pas toujours pour donner à la circulation tout le développement nécessaire, et ce matériel réclamant non-seulement une augmentation, mais surtout un renouvellement assez considérable.

« Toutes ces considérations devaient nous déterminer à accepter le traité qui nous était proposé ; d'autant mieux que les économies les plus directes et les plus efficaces ne pouvaient s'obtenir que de la réunion des deux Compagnies.

« D'autres motifs très-majeurs devaient encore nous décider : d'une part, l'intérêt public résultant d'un service régulier, combiné et dirigé par les mêmes chefs ; car malgré l'entente la plus cordiale qui existe entre nous et l'administration du chemin de fer de l'Ouest, nous ne pouvons nous empêcher de convenir, qu'il y a eu parfois des froissements, des irrégularités dans le service, qui ne se fussent pas présentés avec une administration homogène ; de l'autre, *la volonté du gouvernement*, qui, appréciant ces inconvénients, exigeait une réunion des deux exploitations ; enfin nous ne pouvions, nous rive gauche, considérer comme sans importance cette charge dont les conséquences sont inconnues, mais dont les résultats peuvent être si graves que la Compagnie de l'Ouest encourrait, en se chargeant de notre exploitation, de la responsabilité des accidents qui peuvent arriver sur les chemins de fer. »

A la suite de quelques autres considérations d'un intérêt secondaire, cette partie du rapport se termine en ces termes :

« Nous devions d'autant moins nous refuser à l'acceptation de ces conditions, que, pour prix de cet acquiescement, l'État consentait à capitaliser les intérêts échus, et à donner 60 ans de délais, pour le payement de notre dette, en réduisant l'intérêt à 3 p. 100 au lieu de 4.

« Il est inutile de faire ressortir, Messieurs, les avantages de cette concession de l'État : vous les appréciez trop pour ne pas approuver le traité que nous avons passé avec les soumissionnaires de l'Ouest, le 21 novembre 1850.

« Par suite de ce traité, M. le ministre des travaux publics proposa, le 7 décembre, à l'Assemblée législative, un projet de loi concédant le chemin de fer de l'Ouest à la Compagnie Stokes, en y joignant notre traité. »

XIX. — Les observations se présentent en foule, sous notre plume, à la lecture de ce passage, mais nous devons nous borner à fixer l'attention sur quelques points principaux, à l'effet de ne pas anticiper sur la discussion à laquelle sera spécialement consacrée la deuxième partie de ce Mémoire.

Si l'on considère d'abord dans quelles circonstances particulières, et sous quelle haute influence le traité du 21 novembre 1850 a été contracté ; ensuite de quelle sanction solennelle il a été revêtu, on ne peut s'empêcher de reconnaître qu'il s'agit de l'un de ces actes que chacun doit respecter, parce qu'il donne la solution la plus logique et la plus équitable du problème difficile que le gouvernement était appelé à résoudre, pour réparer la faute, reconnue depuis longtemps par tout le monde, d'avoir autorisé l'établissement de deux chemins de fer de Paris à Versailles.

La fusion entre les Compagnies qui avaient obtenu la concession de ces deux chemins de fer avait d'abord paru le meilleur moyen de trancher la difficulté, puisqu'elle laissait au gouvernement la faculté soit de choisir entre la rive droite et la rive gauche pour l'entrée du chemin de l'Ouest à Paris, soit de faire servir concurremment l'un et l'autre tracé comme tête de ligne, en évitant toute lutte entre les deux Compagnies concessionnaires, qui ne formeraient désormais qu'une Compagnie unique, intéressée à tirer le meilleur parti possible de l'accroissement que devait recevoir son exploitation.

Cette fusion n'ayant pu s'opérer, par des causes que nous n'avons pas à apprécier, le ministre des travaux publics dut chercher une autre combinaison.

La rive gauche lui parut mériter la préférence, comme point de départ principal du chemin de fer de l'Ouest, parce que le trajet de Paris à Versailles y est beaucoup moins long que par la rive droite, et parce que des dépenses considérables avaient été déjà faites pour établir, sur la rive gauche, une gare spacieuse et monumentale pour le chemin de fer de l'Ouest.

En conséquence, et en se réservant de dédommager les concessionnaires de la rive droite, au moyen d'un embranchement qui rattacherait leur chemin de fer à celui de l'Ouest, le ministre exigea que la Compagnie qui demanderait la concession de ce dernier chemin se fût assuré d'avance, par un traité avec la Compagnie de la rive gauche, l'exploitation exclusive de ce chemin pendant toute la durée de la concession.

Et comme le ministre ne voulait pas sans doute que les actionnaires de la rive gauche, dans la situation fâcheuse où ils se trouvaient, fussent en quelque sorte livrés à la merci d'une Compagnie puissante, il eut la sagesse d'imposer à M. Stokes les conditions sous lesquelles la concession du chemin de fer de l'Ouest serait accordée à la Compagnie dont il était le représentant.

Aussi, comme les administrateurs eux-mêmes nous l'apprennent dans leur rapport, ce fut le ministre des travaux publics qui posa les bases du traité du 21 novembre 1850, dont l'acceptation par les deux parties contractantes devait être la condition *sine quâ non* de la concession sollicitée par M. Stokes, en même temps que la planche de salut pour les malheureux actionnaires de la rive gauche, dont la position était si digne d'intérêt.

Le gouvernement voulut d'ailleurs manifester sa bienveillante intervention dans ce traité, en offrant de grandes facilités à la Compagnie de la rive gauche, pour se libérer des sommes dont il était son créancier.

Du reste, le traité du 21 novembre 1850 a pris le caractère d'un acte solennel et irrévocable, par la sanction législative.

Ainsi il a été déposé, avec le projet de loi de concession, à l'assemblée nationale et revêtu de la signature du président et des secrétaires de cette assemblée.

Il se trouve littéralement inséré au Bulletin des lois (B, n° 390, page 593), à la suite et comme annexe du cahier des charges imposées aux concessionnaires du chemin de fer de l'Ouest.

L'article 49 de ce cahier des charges reproduit, dans des termes presque identiques, les stipulations de l'art. 6 du traité du 21 novembre, relativement à la manière d'établir le décompte des sommes dues à l'État par la rive gauche, et au mode de payement par annuités de la dette, en capital et intérêts avec les déductions et imputations dont elle est susceptible.

L'art. 52 est ainsi conçu :

« La Compagnie du chemin de fer de l'Ouest exploitera le chemin de fer de Paris à Versailles (rive gauche) pendant la durée de la concession de cette dernière ligne, conformément au traité intervenu entre les deux Compagnies, le 21 novembre 1850 et annexé au présent cahier de charges.

« A l'expiration de la concession du chemin de fer de Versailles, et pendant tout le temps que durera encore la concession du chemin de fer de l'Ouest, la Compagnie concessionnaire continuera à exploiter, de la même manière et aux mêmes conditions, le chemin de fer de Paris à Versailles (rive gauche), en payant à l'État, qui sera alors en possession de ce chemin, les mêmes redevances et péages qu'elle payait à la Compagnie de Versailles. »

Enfin la loi de concession elle-même, sous la date des 5 et 13 mai 1851, porte dans son art. 2 :

« MM. Petto, Batts, Brassey, Géach, Fox, Henderson et Stokes seront chargés de l'exploitation du chemin de fer de Paris à Versailles (rive gauche) *en exé-*

cution du traité intervenu entre eux et la Compagnie concessionnaire de ce chemin, le 21 novembre 1850, et conformément aux clauses et conditions du cahier des charges ci-annexé. »

C'en est assez sans doute pour démontrer que, sous le double rapport de la source dont il émane et de la haute sanction dont il a été revêtu, le traité du 21 novembre 1850 doit être considéré comme ayant fixé d'une manière définitive et irrévocable la position des parties qui y figurent.

XX. — A l'égard de la Compagnie Stokes, nous n'avons pas à examiner si les stipulations de cet acte lui étaient plus ou moins avantageuses, et, en ce qui la concerne, nous pouvons nous borner à cette observation unique, que l'acceptation du traité dont il s'agit était une condition rigoureuse de sa concession, et que l'inexécution du traité du 21 novembre pourrait entraîner la révocation de cette concession.

Ce que nous avons à établir (et les extraits que nous avons donnés du rapport des administrateurs nous permettent de le faire en peu de mots), c'est que le traité du 21 novembre 1850 assurait pour le présent, et surtout pour l'avenir, une belle position aux actionnaires de la rive gauche, dont les fonds avaient été jusqu'alors complétement improductifs.

En effet, s'il est vrai, comme l'annonçait l'administration, que les produits du chemin de fer étaient absorbés, jusqu'à concurrence de 70 ou 75 p. 100, par les frais d'exploitation et d'entretien du chemin, il en résulte qu'il n'y avait à répartir, comme bénéfice, que 25 ou 30 p. 100 de ses recettes brutes.

Encore ce chiffre pouvait-il se trouver considérablement réduit, ou même disparaître entièrement, s'il y avait des travaux extraordinaires à exécuter sur la voie ou dans le matériel de la Compagnie, ou s'il survenait quelque sinistre de nature à faire peser sur elle une responsabilité pécuniaire d'une certaine importance.

Eh bien ! au lieu de 25 ou 30 p. 100 sur les sommes payées pour les voyageurs et les marchandises circulant sur leur chemin, les actionnaires recevaient 50 p. 100, affranchis non-seulement de toute charge, mais encore de toute éventualité de réduction, puisque la Compagnie Stokes se chargeait à la fois des travaux ordinaires ou extraordinaires qui pouvaient être exigés pendant le cours de son exploitation, et de la réparation des dommages qu'une erreur ou une négligence des agents subalternes occasionne si souvent dans les chemins de fer.

Voici, en effet, ce qu'on lit dans les articles 4 et 7 du traité du 21 novembre :

« Art. 4. Pour prix de cet abandon et de cette cession (la voie ferrée avec les bâtiments et autres accessoires qui en dépendent, ainsi que le matériel d'exploitation), la Compagnie de l'Ouest s'oblige à payer, pendant la durée de la concession de la rive gauche, en deux termes égaux de six mois en six mois, à partir de sa prise de possession, à forfait et à titre de péage, *la moitié des tarifs qu'elle percevra sur les voyageurs et les marchandises* de toute nature parcourant tout ou partie du trajet de Paris à Versailles (rive gauche).

« Art. 7. Il est bien entendu entre les parties que tous les impôts, subventions à l'État, frais de police et autres résultant de l'exploitation doivent être supportés par la Compagnie de l'Ouest, à partir du jour de son entrée en possession; *et que la moitié des tarifs à percevoir appartiendra à la Compagnie de la rive gauche, sans qu'elle ait à supporter d'autres prélèvements que ceux qui sont nécessaires pour payer la créance de l'État et les autres dettes dont elle est grevée.* »

L'abandon de l'exploitation du chemin de fer, à de telles conditions, eût été avantageux aux actionnaires, lors même que le parcours de la voie de fer eût été limité à Versailles, puisqu'ils s'assuraient un revenu fixe et certain de 50 francs au lieu d'un revenu incertain et éventuel de 25 ou 30 francs.

Mais les avantages qui devaient en résulter étaient surtout inappréciables, lorsque le chemin de fer, établi dans les circonstances les plus défavorables, et avec si peu de chances de succès, allait devenir la tête de ligne d'un autre chemin de fer dirigé sur nos provinces de l'Ouest. Les actionnaires de la rive gauche se trouvaient ainsi associés à l'avenir de cette belle entreprise. Ils avaient désormais pour tributaires non-seulement les voyageurs et les marchandises faisant le trajet de Paris à Versailles, mais encore les voyageurs et les marchandises à la destination de Chartres, de Rennes et de tous les centres de population vers lesquels doit se diriger le chemin de fer de l'Ouest, sinon dans la totalité de leur parcours, du moins pour leur trajet de Paris à Versailles et de Versailles à Paris.

XXI. — Il était naturel de supposer qu'après avoir fait sentir aux actionnaires réunis en assemblée générale, le 9 juillet 1851, combien le traité du 21 novembre était avantageux, les administrateurs leur auraient demandé une approbation que l'on pouvait considérer comme surabondante, puisqu'il avait reçu la sanction de l'autorité législative, et qui dans tous les cas eût été votée par acclamation, puisque ce traité, en même temps qu'il leur offrait un mode facile de libération, à la place de l'expropriation forcée dont ils étaient incessamment menacés, leur assurait enfin une réalité prospère, au lieu des illusions trompeuses dont ils avaient été jusqu'alors victimes.

Toutefois une autre pensée occupait l'esprit des administrateurs: c'est un traité tout différent qu'ils voulaient subrepticement substituer à celui qui avait été respectivement accepté et qui se trouvait sanctionné par une loi.

Pour atteindre un tel but, deux moyens se présentaient à eux : d'une part, compliquer leur exposé d'une infinité de détails oiseux et presque toujours mensongers, dans lesquels l'attention la plus soutenue aurait eu de la peine à les suivre, de telle sorte que leurs conclusions pussent être accueillies, sans avoir été comprises ; d'autre part, introduire dans l'assemblée un certain nombre de *faux actionnaires*, dans le double but d'étouffer les observations qui pourraient faire jaillir la lumière au milieu des ténèbres dont il était prudent de s'envelopper, et leur assurer une majorité qu'ils ne pouvaient espérer dans une réunion à laquelle les parties intéressées auraient été seules appelées.

XXII. — Nous ne nous dissimulons pas que ces deux imputations sont graves : aussi nous avons hâte de les justifier, d'abord par la citation de quelques nouveaux passages du volumineux rapport, ensuite par le récit rapide de ce qui s'est passé à l'assemblée générale du 9 juillet 1851.

« Vous entrevoyez déjà (est-il dit dans le rapport) que par le traité du 24 novembre 1850, dont il vient de vous être rendu compte, la Compagnie de l'Ouest était mise par l'État, non-seulement au lieu et place de la rive gauche, pour l'exploitation de son chemin, les travaux à y faire et le payement de la dette, mais encore au lieu et place de la Société d'exploitation, *à laquelle toutes ces charges avaient été imposées* par nos conventions réciproques. Il était donc indispensable, ou d'obtenir de la Société d'exploitation la résiliation de nos conventions, ou de mettre encore à la charge de la Compagnie de l'Ouest l'obligation d'obtenir cette résiliation.

« Quant aux travaux à exécuter, lors de notre traité avec la Société d'exploitation, nous ne lui avions imposé que de terminer le chemin et de le mettre en parfait rapport avec celui de l'Ouest. Le gouvernement a de plus imposé à la Compagnie de l'Ouest la suppression de 11 passages à niveau. Il est vrai que si cette dépense doit s'élever à près de 200,000 fr., elle aura pour résultat la suppression de 11 gardes-barrières, et par conséquent une économie sur les frais d'administration et de surveillance du chemin représentant plus que l'intérêt légal de l'argent employé.

« C'est par suite des travaux indispensables imposés par nous *à la Société Bertodano*, que cette Société, chargée en outre du payement de nos dettes, ne nous avait constitué qu'un dividende de 8 fr. par action pendant les dix premières années, dividende s'accroissant successivement à mesure de l'acquittement des dettes et autres charges, et s'élevant en moyenne à 9 fr. pendant les 47 années du bail.

« Ces conventions, Messieurs, nous sommes loin de les regretter ; car c'est à elles que nous devons d'avoir pu attendre le moment où *une compagnie* a accepté la concession de l'Ouest, aux conditions voulues par l'État. »

XXIII. — D'après cet exposé, les actionnaires devaient croire qu'on avait eu à traiter successivement avec deux compagnies différentes, d'abord avec la Compagnie Bertodano, pour la location du chemin de fer pendant quarante-sept années, ensuite avec la Compagnie Stokes, pour l'abandon définitif de la voie ferrée avec tout le matériel de l'exploitation, pendant la durée de la concession que cette Compagnie avait obtenue du gouvernement.

Dans cette hypothèse on pouvait admettre, sauf justification, que la première compagnie dont le traité n'était pas suivi d'exécution avait le droit de prétendre à une indemnité.

Mais lorsqu'il est établi par un acte authentique, d'une part, que le bail pour quarante-sept années avait été consenti à M. Stokes et à M. Tharaud, qui ne pouvait valablement traiter avec une société dont il était l'administrateur ; d'autre part, que c'est aussi avec M. Stokes qu'avait été passé le traité du 21 novembre 1850 ; on ne s'explique pas comment ce dernier aurait pu demander une indemnité quelconque, pour avoir substitué à un traité provisoire un traité qui lui assurait la concession du chemin de fer l'Ouest.

On se demande ensuite dans quel but, si ce n'est pour détourner l'attention des parties intéressées, les administrateurs annoncent dans leur rapport que les travaux mis à la charge de M. Stokes, concessionnaire du chemin de fer de l'Ouest, étaient plus considérables que ceux que M. Bertodano ou plutôt M. Stokes lui-même était obligé d'exécuter, aux termes du bail pour quarante-sept années.

D'abord, l'assertion en elle-même n'est pas exacte, puisqu'au sujet du bail temporaire dont personne n'a jamais eu communication, et à l'égard duquel on doit s'en rapporter à l'analyse donnée par les administrateurs, ceux-ci s'expriment ainsi, aux pages 19 et 20 de leur rapport imprimé, du 1er mars 1850 :

« D'après ces conventions, MM. de Bertodano et consorts s'engagent : 1° à terminer, aussitôt qu'ils en seront requis par l'État, les travaux qui restent à faire; 2° *à faire à la voie* les travaux de consolidation qui seront exigés par l'État *pour approprier cette voie au service des trains de l'Ouest.* »

Or, la suppression d'un certain nombre de passages à niveau est une de ces mesures que la sûreté publique prescrit, surtout lorsqu'il s'agit d'un chemin de fer à long parcours et sur lequel un grand mouvement de circulation doit s'établir.

Ensuite l'assertion est complétement insignifiante : quelle conséquence tirer de ce fait que l'État aurait imposé à la Compagnie concessionnaire du chemin de l'Ouest des conditions plus onéreuses, relativement aux travaux de consolidation ou d'amélioration à exécuter sur le parcours de Paris à Versailles ? Il avait fait connaître d'avance ses intentions à cet égard, et M. Stokes a dû s'y conformer pour obtenir la concession.

Enfin, ce qu'il importait surtout d'établir, et ce dont les administrateurs de la rive gauche se sont dispensés, en parlant de l'indemnité due à la Compagnie fermière, c'était de faire connaître les circonstances de nature à justifier une telle indemnité.

A quelle époque avait commencé et avait fini l'exploitation des fermiers temporaires ? Tout est incertitude sur ce point capital.

D'après le rapport du 1er mars 1850 (voyez page 18), le traité avec M. de Bertodano avait été passé le 8 septembre 1849 ; et à la page suivante du même rapport, les administrateurs annoncent qu'*ils ont dû réclamer de ces messieurs*, sans doute avant l'époque où ils se présentaient à l'assemblée générale, l'*exécution des conventions verbales arrêtées avec eux.*

Dans le préambule de leur rapport du 9 juillet 1851, les administrateurs disent qu'ils ont à rendre compte de leur gestion *jusqu'au* 1er *avril* 1850, époque où ils ont livré à la Société Bertodano l'exploitation du chemin.

Enfin il résulte, de l'extrait publié au greffe du Tribunal de commerce, transcrit littéralement à la page 16 de ce Mémoire, que c'est par un acte *du 25 mars* 1850, *enregistré le lendemain*, qu'a été consenti, à MM. Stokes et Tharaud, le bail du chemin de fer pour quarante-sept années, qui commençaient *à courir le* 19 *décembre* 1849.

Nous essaierions vainement d'éclaircir un tel imbroglio ; mais c'est une tâche que par loyauté les administrateurs du chemin de fer devaient remplir envers leurs commettants. Auraient-ils donc adopté pour maxime, qu'on doit se dispenser de dire la vérité à ceux qu'on veut dépouiller ?

XXIV. — Le but qu'on se proposait, c'était d'absorber le montant des obligations de 3,700,000 fr., contractées pour rembourser l'État, qu'on avait dû d'abord remettre à la Compagnie fermière avec cette destination, et dont on l'avait ensuite dispensée de faire un tel emploi, parce que, disait-on, la Société trouvait un grand avantage à ne pas se libérer de sa dette.

Et sur ce point, il convient de citer encore quelques passages du rapport, pour démontrer qu'à l'aide d'une phraséologie menteuse et souvent inintelligible, on a vainement cherché à colorer le détournement d'un capital important.

« Il fallait donc, pour la Compagnie de l'Ouest, traiter avec la Compagnie fermière, pour les 47 années de jouissance que nous lui avions concédées, et avec nous, pour le surplus de notre concession. Un moyen simple de trancher ces difficultés se présentait : c'était la résiliation de nos conventions avec la Société d'exploitation. Par ce moyen, reprenant notre indépendance, nous pouvions traiter avec la Compagnie de l'Ouest *de l'indemnité à lui donner pour exécuter les travaux à notre charge*, et fixer l'abonnement pour notre exploitation.

« Nous avons pensé qu'il était plus avantageux à vos intérêts de traiter d'ensemble et avec une seule Compagnie, et que nous devions alors traiter avec la Compagnie de l'Ouest, tant du payement à forfait des travaux qu'elle se chargeait de faire exécuter, que de l'indemnité de résiliation de la Société d'exploitation, sauf à la Compagnie de l'Ouest à obtenir cette résiliation, ainsi qu'elle aviserait.

« Nous nous sommes donc rendu compte de l'importance des travaux qui constituent : 1° — 2°, etc...

« Ces dépenses s'élèveront environ à la somme de 2,000,000 fr.

« Ce chiffre fixé, restait à estimer l'indemnité à donner à la Société fermière. *Ici les bases d'appréciation étaient plus problématiques.* »

XXV. — Sur ce point, le rédacteur du rapport se livre à des considérations dans lesquelles nous nous dispenserons de le suivre; car il ne prétend pas établir que la Compagnie se serait mise à découvert, soit pour faire exécuter des travaux, soit pour payer tout ou partie des dettes de la rive gauche; mais il se borne à considérer, d'une manière tout à fait *problématique* (pour employer l'expression de ces messieurs), que la Compagnie exploitante aurait dû faire des bénéfices, dans un temps plus ou moins éloigné, si le traité à elle consenti avait reçu son exécution.

Voici la conclusion de cette sorte de plaidoyer, qui n'est en réalité qu'un pêle-mêle d'assertions insignifiantes ou mensongères, ainsi que nous allons le démontrer en peu de mots.

« Après de mûres délibérations, nous avons consenti à donner à la Compagnie de l'Ouest, à forfait, à charge d'exécuter tous les travaux exigés par l'État et d'obtenir la résiliation de nos traités avec la Société d'exploitation, les 3,700,000 fr. d'obligations que nous avons souscrites au profit de la Compagnie fermière, et qui avaient été déposées par elle à la banque de Birmingham, ou pour mieux dire trois millions argent; car ces obligations ayant été souscrites payables en dix années, portant 5 p. 100 d'intérêt, les 700 mille francs ne sont que la représentation de la différence, pendant ces dix ans, entre l'intérêt légal et l'intérêt commercial, et l'escompte de ces valeurs, contre argent comptant.

« *Cet engagement n'était nullement onéreux*, puisque le remboursement de ces obligations devait se faire pendant les dix années dans lesquelles la rive gauche n'avait rien à payer à l'État. »

XXVI. — L'intérêt de la cause nous commande de discuter sérieusement des assertions misérables qui ne pourraient exciter qu'un sentiment de pitié et de mépris chez les hommes qui veulent de la logique dans les argumentations, et surtout de la loyauté dans les actes.

Nous ne dirons que quelques mots au sujet de la prétendue indemnité à laquelle aurait droit la Société fermière, puisque nous avons déjà présenté nos observations sur ce point :

1° A qui et pour qui cette indemnité serait-elle due, lorsque c'est au sieur Stokes lui-même qu'ont été consentis les deux traités successifs du 18 décembre 1849 et du 21 novembre 1850 ? N'est-il pas évident que M. Stokes devait trouver, dans le second traité lui-même, l'équivalent du préjudice qu'aurait pu lui causer la résiliation ou l'inexécution du premier ? N'est-il pas dans la situation d'un fermier qui, dans le cours de son bail, en contracte un second d'une plus grande importance, soit à cause de sa durée, soit à cause des objets qu'il comprend ? L'acceptation du second traité sans réserve, n'est-elle pas d'ailleurs, de la part du sieur Stokes, la reconnaissance formelle qu'il renonçait au traité précédent, sans réclamer aucune indemnité ?

2° En admettant hypothétiquement que le bail pour 47 années et l'aliénation définitive de l'exploitation du chemin de la rive gauche eussent eu lieu en faveur de deux personnes différentes (ce que les administrateurs ont toujours voulu faire croire aux actionnaires, en parlant du sieur de Bertodano, qui, s'il n'est pas un personnage imaginaire, ne pouvait être évidemment que le prête-nom du sieur Stokes), il y avait un point préalable à examiner, avant de reconnaître un droit d'indemnité en faveur du fermier temporaire : celui-ci avait-il dû se mettre à découvert de sommes plus ou moins importantes, au moment de la prise de possession du chemin de fer? N'avait-il pas, au contraire, fait un bénéfice considérable, *en profitant de la totalité des recettes depuis le 1er avril 1850, jour à partir duquel les administrateurs ont cessé d'en rendre compte aux actionnaires, jusqu'à l'époque inconnue aux véritables intéressés*, ou le traité du 21 novembre 1850, ou plutôt celui par lequel on a voulu le remplacer, *a commencé à recevoir son exécution*, tandis qu'il n'avait payé, dans cet intervalle, qu'un ou deux dividendes semestriels de 4 fr. à un certain nombre d'actionnaires?

Sous le double point de vue que nous venons d'indiquer, il paraît certain qu'il n'y avait aucun motif pour attribuer directement à titre d'indemnité, au fermier temporaire, une partie des obligations de 3,700,000 fr., ou pour charger M. Stokes de s'allouer à lui-même cette indemnité, par l'abandon qu'on lui consentait de ce qui, dans le montant des obligations dont il s'agit, excédait la somme de deux millions.

XXVII. — Mais c'est surtout au sujet de ces deux millions si généreusement livrés au signataire du traité du 21 novembre 1850 (c'est toujours M. Stokes qui, cette fois, reçoit bien pour lui-même, et non pour le compte de la prétendue Société fermière), qu'on ne saurait trop admirer l'assurance avec laquelle MM. les administrateurs cherchent à persuader aux actionnaires qu'il s'agit ici de l'acquittement d'une dette légitime.

S'il faut les en croire, cette somme n'est, pour la Compagnie de l'Ouest, que le règlement à forfait de l'indemnité qui lui est due par les actionnaires de la rive gauche, pour les travaux qui étaient à leur charge, et que le gouvernement a obligé cette Compagnie à exécuter.

Mais si l'on peut en imposer, par des assertions audacieuses, à une assemblée qui n'a pas le moyen de les vérifier, et qui même souvent ne saurait en apprécier la portée, les administrateurs de la rive gauche auraient dû songer que lorsque leurs paroles seraient reproduites par écrit, un examen sérieux permettrait d'en démontrer la fausseté, et qu'une lumière fâcheuse succéderait tôt ou tard aux ténèbres dont ils avaient cherché à envelopper leur déplorable administration.

Où donc le rédacteur du rapport a-t-il vu que les actionnaires de la rive gauche fussent obligés de payer les travaux que les sieurs Stokes et consorts avaient à faire pour l'amélioration de la voie, dans le parcours de Paris à Versailles? Tout démontre, au contraire, que l'exécution de ces travaux était à la charge des concessionnaires du chemin de fer de l'Ouest ?

Pour le démontrer, nous n'avons qu'à reproduire littéralement ce que les administrateurs ont eux-mêmes déclaré dans leur rapport du 9 juillet 1851, et ce qu'ils ont stipulé, en termes formels, dans le traité du 21 novembre 1850.

— « Le ministre des travaux publics (est-il dit dans le rapport) nous fit connaître à quelles conditions le gouvernement consentirait à admettre une proposition; il exigeait :

« 1° Que la *Compagnie de l'Ouest* prit l'engagement de terminer le chemin de la rive gauche; et de le mettre en parfait rapport avec celui de l'Ouest, tant pour la voie que pour les stations; et de plus, de supprimer une grande partie des passages à niveau. »

Assurément, il ne saurait y avoir ici aucune équivoque; ce n'est pas par la Compagnie de la rive gauche, mais par les concessionnaires du chemin de fer de l'Ouest, que les travaux devaient être exécutés.

Voici toutefois ce qu'on ajoute dans le rapport ; car il y a des gens qui, sous le prétexte de les interpréter, s'arrogent le privilége de dénaturer le sens des mots les plus précis et les plus énergiques.

« Quant à la première condition, celle de l'achèvement du chemin et de sa mise en bon état d'exploitation, cette obligation avait été imposée par vous à la Société d'exploitation : c'était à elle à s'entendre à cet égard avec les soumissionnaires de l'Ouest : mais pour la rive gauche l'engagement ne pouvait être contesté. »

Autant d'assertions, autant d'erreurs : ou plutôt, autant de mensonges ou d'absurdités.

Si l'obligation de mettre le chemin en bon état avait été imposée à ceux qui ne devaient en avoir que la jouissance temporaire, comment aurait-on pu libérer d'une telle obligation ceux auxquels cette jouissance était cédée d'une manière absolue et définitive ?

Ce n'était pas à la Société d'exploitation, comme on le dit, à s'entendre avec les concessionnaires de l'Ouest. Par cela seul que le traité passé avec elle se trouvait résilié, il lui importait peu que les travaux nécessaires à l'amélioration du chemin de fer fussent ou ne fussent pas exécutés. C'était à l'État, dans l'intérêt de la sécurité publique, à ordonner l'exécution de ces travaux, avant d'accorder la concession ; et l'on vient de voir que c'était la première condition par lui imposée aux soumissionnaires.

Pour la rive gauche, dit-on enfin, l'engagement ne pouvait être

3

contesté ; mais où donc voit-on qu'un tel engagement eût été mis à sa charge ? Par quel moyen aurait-on pu en assurer l'exécution, lorsque, d'une part, l'État était son créancier de sommes considérables, qu'il lui avait été jusqu'alors impossible de recouvrer ; et que, d'autre part, au moyen de la concession du chemin de l'Ouest, la Société de la rive gauche devenait tout à fait étrangère à l'exploitation de ce chemin ?

Faisons justice de cette pitoyable phraséologie ; et posons comme un fait désormais incontestable, que c'est à la Compagnie de l'Ouest, non à la rive gauche, que le gouvernement avait imposé l'obligation d'exécuter les travaux nécessaires, pour mettre cette partie du parcours en parfait rapport avec le chemin de l'Ouest.

XXVII. — Ajoutons que telle était aussi la pensée du directeur et des administrateurs de la rive gauche, qui l'ont consignée de la manière la plus formelle, dans le traité du 21 novembre 1850.

En effet, l'article 1er de ce traité est ainsi conçu :

— « La Compagnie concessionnaire du chemin de fer de l'Ouest prend l'engagement d'exécuter tous les travaux actuellement nécessaires pour terminer et compléter le chemin de fer de la rive gauche, et de faire les modifications nécessaires, soit aux travaux d'art, par la suppression des passages à niveau et construction de maisons, soit à la voie de fer, pour la mettre en parfait rapport avec la nouvelle voie du chemin de fer de l'Ouest. »

Les articles 2, 3 et 5 confirment implicitement cette stipulation formelle : 1° En chargeant la Compagnie de l'Ouest de l'entretien et exploitation du chemin de Versailles ; 2° en faisant consentir l'abandon complet, en faveur de cette Compagnie, des gares, stations et ateliers, matériel fixe et mobile et outillage de la rive gauche ; 3° en obligeant la Compagnie concessionnaire à tenir le chemin de la rive gauche constamment en parfait état d'exploitation ; et à faire ladite exploitation de manière à ce que la Compagnie de la rive gauche ne puisse jamais être inquiétée ni recherchée à raison de ladite exploitation.

Voici ce qu'on lit dans l'article 4 du traité :

« Pour prix de cet abandon et de cette cession, la Compagnie de l'Ouest s'oblige à payer, pendant la durée de la concession de la rive gauche, en deux termes égaux, de six mois en six mois, à partir de sa prise de possession, à forfait et à titre de péage, la moitié des tarifs qu'elle percevra sur les voyageurs et les marchandises de toute nature, parcourant tout ou partie du chemin de fer de Paris à Versailles, rive gauche. »

Par l'art. 6, la Compagnie était chargée de payer au gouvernement, *pour le compte et à l'acquit de la rive gauche,* les sommes en capital et intérêts qui lui restaient dues, sur le prêt de cinq millions, ainsi que toutes sommes dont il était son créancier à un titre quelconque, sauf certaines compensations et déductions dont il est parlé dans le même article.

— « Le solde de cette créance (est-il dit dans le dernier alinéa) sera payé à l'État, suivant les conditions de la loi du 21 juin 1846, en soixante annuités, dont la Compagnie devra garantir le payement à l'État; *et elle prélèvera les sommes à payer, par elle, sur les produits afférents à la rive gauche.*

Certes, si l'État eût voulu charger la Compagnie de la rive gauche des travaux nécessaires pour mettre le chemin de fer de Versailles en rapport avec le chemin de fer de l'Ouest; ou si la Compagnie de la rive gauche elle-même eût voulu assumer sur elle cette obligation, en chargeant les concessionnaires du chemin de fer de l'exécuter en son acquit, on eût stipulé que le prix de ces travaux, comme le montant des sommes à payer à l'État, serait prélevé sur les produits afférents à la rive gauche. Or, loin qu'il en ait été ainsi, le contraire a été stipulé, de la manière la plus formelle, dans l'art. 7 du traité du 21 novembre 1850, dont nous avons rapporté littéralement les termes, page 26 de ce Mémoire.

XXVIII. — Ainsi s'évanouissent tous les faux prétextes inventés par les administrateurs pour colorer le détournement du capital de 3,700,000 fr. Ce capital n'a pu être légitimement transféré à personne; il est resté la propriété des actionnaires; et ils sont incontestablement fondés à en demander la restitution aux administrateurs qui ont abusé de leur titre pour les spolier, ainsi qu'à la Compagnie de l'Ouest qui l'a indûment reçu.

Toutefois, si un révoltant persiflage couronne cette odieuse combinaison, le rédacteur du rapport ne craint pas d'ajouter : « Cet arrangement n'a rien d'onéreux, puisque le remboursement des obligations devait se faire pendant les dix années dans lesquelles la rive gauche n'avait rien à payer à l'État. »

Ainsi, disposer du montant de ces obligations, quand la rive gauche, qui n'en a rien reçu, est tenue de les rembourser, c'est ne lui occasionner aucun préjudice, *par cela seul que ce payement précèdera celui qui doit être fait à l'État !*

Chacun, nous le pensons, pourra faire justice d'une telle assertion.

XXIX. — Après avoir expliqué, comme on vient de le voir, l'emploi de ce capital important, destiné dès l'origine à libérer jusqu'à due concurrence la rive gauche envers l'État, les administrateurs avaient un autre but, c'était de faire disparaître le traité du 21 novembre 1850, dont ils venaient de faire un si juste éloge, ce traité conclu avec la sanction de l'État, comme une des conditions de la concession du chemin de fer de l'Ouest, ce traité qui avait reçu une consécration solennelle par le visa du bureau de l'Assemblée législative, ainsi que par son insertion au *Bulletin des Lois*, comme annexe de la loi de concession.

Voici comment les administrateurs s'expliquent à cet égard ; et ce passage est heureusement le dernier que nous ayons à citer de leur rapport du 9 juillet 1851.

« Nous devons vous faire remarquer que ces conventions (le traité du 21 novembre 1850), ont été consenties par nous pour faciliter la concession du chemin de l'Ouest, et avec l'espérance que l'Assemblée législative ne reconnaîtrait à la rive droite d'autre droit de raccordement que celui qu'ont tous les chemins de fer de se raccorder entre eux, c'est-à-dire, que le raccordement au chemin de la rive gauche n'aurait lieu qu'au moyen d'une station établie à Viroflay, où la rive droite amènerait les voyageurs et marchandises en destination pour l'Ouest : les soumissionnaires du chemin de fer de l'Ouest partageaient cet espoir : leurs efforts et les nôtres ont tout fait pour qu'il en fut ainsi ; mais vous savez qu'il en a été décidé autrement ; et que l'Assemblée législative a exigé que le service du chemin de l'Ouest put se faire avec une égale facilité sur les deux chemins de Versailles. D'après cette décision, la Compagnie de l'Ouest a préféré céder à la rive droite , plutôt que de supporter la concurrence pouvant résulter de l'exécution de la loi...

« Quoique nous soyons convaincus que l'intérêt de la Compagnie de l'Ouest est d'exploiter le chemin par la rive gauche ; cependant, considérant cette possibilité de concurrence comme une éventualité déplorable et toujours menaçante, *nous avons préféré fixer notre sort et le vôtre*, en demandant *à la Compagnie de l'Ouest de* MODIFIER *le traité passé le 21 novembre dernier* qui nous donne, par abonnement, droit à 50 p. 100 des tarifs perçus, en consentant à un abonnement fixe qui nous permette de rembourser les actions à 400 francs, et de leur servir un intérêt raisonnable, jusqu'à leur remboursement.

« Cette proposition a été agréée, et nous avons l'honneur de vous faire connaître les nouvelles conditions que nous venons de fixer avec la Compagnie de l'Ouest, d'après lesquelles cette Compagnie s'engage , à titre d'abonnement, *à payer chaque année une somme suffisante pour pouvoir amortir les actions au taux de 400 francs,* en leur servant un intérêt annuel de 15 francs par an. Nous avons la confiance, Messieurs, que vous approuverez complétement l'usage que nous avons fait des pouvoirs que vous nous avez confiés. »

XXX. — En lisant ce passage, une réflexion se présente naturellement à notre esprit. Nous nous demandons pourquoi MM. les administrateurs, qui ont surchargé leur rapport de tant de détails insignifiants, se montrent si sobres d'explications, lorsqu'il s'agit de faire connaître un traité qui, dans l'opinion de ces messieurs du moins, devait fixer leur position d'une manière définitive!

Assurément il importait aux intéressés de savoir si les 400 francs auxquels on fixait le taux des actions, qu'ils avaient payées 500 francs, et qui, pour la plupart, n'avaient donné aucun intérêt ni dividende depuis plus de dix ans, leur seraient payés immédiatement, ou si au contraire un certain nombre d'actions seulement seraient remboursées chaque année par la voie du tirage au sort; de telle sorte que le payement d'une partie d'entre elles pourrait n'être effectué qu'après un délai de trente, cinquante, ou même quatre-vingt-dix années.

Le rapport se borne à dire : « que la Compagnie de l'Ouest s'engage à payer chaque année une *somme suffisante* pour pouvoir amortir les actions, » ce qui n'indique rien de positif; car suivant l'importance de la somme qui y est affectée, un amortissement peut avoir lieu dans une période de temps plus ou moins longue.

Une telle réticence pourrait faire supposer que le prétendu traité annoncé n'existait pas encore, du moins dans une forme régulière, de manière à ce qu'on pût en donner connaissance à l'Assemblée; et qu'on voulait seulement sonder les dispositions des actionnaires, pour savoir si l'on pouvait conclure, d'après les bases indiquées, avec une certaine sécurité.

Le rédacteur du rapport annonce qu'il s'agit d'une simple *modification* au traité du 21 novembre. Mais, ainsi que nous l'avons déjà fait remarquer, les mots n'ont plus sous sa plume leur signification ordinaire. Assurément une convention qui réduit les droits de l'actionnaire à 400 fr., remboursables on ne sait quand, avec le modique intérêt à 3 p. 100 du capital par lui versé, diffère essentiellement du traité qui attribuait à la masse des actionnaires la moitié des produits du chemin de fer, dans le parcours de Versailles à Paris, et leur permettait d'espérer, par le développement progressif de la ligne importante dont leur chemin formait la première partie, un juste dédommagement des pertes qu'ils avaient éprouvées jusqu'alors.

Il ne s'agissait donc pas, comme on le dit, de modifier un traité préexistant, mais d'anéantir ce traité, pour placer les actionnaires dans une position toute différente et bien moins avantageuse que celle que ce traité leur assurait.

Plus tard nous prouverons que les administrateurs ne pouvaient compromettre d'une manière aussi grave les intérêts de leurs commettants. Quant à présent, bornons-nous à établir que les motifs sur lesquels ils se fondent pour justifier un tel abus de pouvoir, sont inexacts ou complétement insignifiants.

XXXI. — MM. les administrateurs affirment qu'ils ont agi dans leur intérêt et dans celui des actionnaires, en substituant un nouveau traité à celui du 21 novembre 1850, « parce qu'ils espéraient que le raccordement de la rive droite à la rive gauche n'aurait lieu qu'au moyen d'une station établie à Viroflay, où la rive droite amènerait les voyageurs et les marchandises en destination pour l'Ouest... mais que l'Assemblée législative a exigé que le chemin de fer de l'Ouest se fît par les deux rives avec la même facilité. »

A cet égard, il est de notoriété publique que dans l'intérêt du commerce en général, et dans celui des deux quartiers opposés de Paris, où se trouvent les gares des chemins de Versailles, le gouvernement a toujours voulu que le chemin de fer de l'Ouest profitât de ces deux entrées dans la capitale.

Aussi, dans le projet de loi présenté au moment où la Compagnie Stokes venait de faire sa soumission, trouve-t-on les dispositions suivantes :

Art. 52. — « La Compagnie du chemin de fer de l'Ouest s'engage à construire, à Viroflay, une gare ou station pour la composition et la décomposition des trains qui parcourront la ligne de l'Ouest et les deux chemins de fer de Versailles.

« Les conditions de l'usage commun de cette gare et la redevance à payer pour cet usage, seront réglées par l'administration, les deux Compagnies entendues.

« Art. 53. Dans le cas où les Compagnies ne se mettraient pas d'accord, soit sur les moyens d'assurer avec impartialité la continuité du service, soit sur la quotité des frais spéciaux, supportés par chacune d'elles à cet effet, le ministre des travaux publics y pourvoirait d'office et prescrirait les mesures nécessaires.

« Art. 54. La Compagnie du chemin de fer de l'Ouest et la Compagnie de Versailles (rive droite) prendront les dispositions et donneront les facilités nécessaires, pour assurer la continuité du service des transports entre le chemin de l'Ouest et les deux branches de la rive droite et de la rive gauche, *dans les conditions de la plus parfaite égalité, et de manière que les voyageurs et les expéditeurs de marchandises puissent emprunter à leur gré l'une ou l'autre branche,* sans retard pour les voyageurs et leurs bagages, et autant que faire se pourra, sans transbordement de marchandises.

« Pour établir les taxes à percevoir, entre l'une quelconque des stations du chemin de fer de l'Ouest et les gares de Paris, on ajoutera aux prix du parcours entre la station du chemin de fer de l'Ouest et l'embranchement de Viroflay, appliqués indistinctement et sans aucune faveur aux voyageurs et aux marchandises qui emprunteront l'une ou l'autre branche, les prix du parcours de Viroflay aux gares externes, réglés pour les deux rives, dans les limites du *maximum* fixé par le cahier des charges du chemin de fer de l'Ouest. Ces derniers prix, en ce qui concerne les voyageurs de toutes classes, seront égaux sur les deux branches entre Paris et Versailles.

« Dans le cas où les deux Compagnies ne se mettraient pas d'accord, pour la fixation des taxes uniformes applicables aux voyageurs, ces taxes seront réglées par le ministre des travaux publics, les Compagnies entendues. »

Sauf quelques légers changements de rédaction que la commission a proposés dans ses amendements, les dispositions de ces articles se trouvent reproduites dans l'article 54 de la loi ; ainsi ce n'est pas une chose nouvelle et imprévue qu'aurait faite la commission, **en disant qu'il convenait d'assurer, autant que possible,** *un service égal et impartial sur les deux lignes,* puisque cela se trouve, en termes à peu près identiques, dans le projet de loi dont la rédaction est contemporaine du traité du 21 novembre 1850.

Les administrateurs de la rive gauche ont donc excipé à tort d'un prétendu changement qui se serait opéré dans la situation respective des parties, pour annuler de leur autorité privée un traité qui assurait enfin les droits des malheureux actionnaires.

XXXII. — Quant à l'éventualité qu'ils ont l'air de redouter, à cause de la concurrence de la rive droite et de la rive gauche, on ne saurait croire à la sincérité de leurs plaintes ; et d'après leurs antécédents, il y a lieu de présumer qu'ils ont cédé à un tout autre intérêt qu'à celui de la Société dont ils étaient les administrateurs.

Voici, en effet, comment s'exprime l'honorable M. Gustave de Beaumont, dans son rapport sur le projet de loi de concession du chemin de fer de l'Ouest (page 41) :

« Quoi que l'on fasse, par la force même des choses, dans un temps donné, l'une des deux rives deviendra, au préjudice de l'autre, le point, non pas exclusif, mais le point principal de départ et d'arrivée ; et ce sera nécessairement, la rive à laquelle la concession de l'Ouest aura été donnée. Sur l'autre, il ne sera fait qu'un service auxiliaire, dont l'importance variera, suivant les besoins qui se produiront. Dans le système du projet de loi que nous approuvons, *le principal établissement du chemin de l'Ouest sera évidemment sur la rive gauche; et le service auxiliaire sur la rive droite.* »

Ailleurs, M. le rapporteur annonce que le traité avec les actionnaires de la rive gauche doit leur assurer un revenu de 7 à 800,000 fr.

Sans doute, ce revenu serait susceptible d'une réduction pour le payement des annuités destinées à acquitter la créance de l'État; mais en supposant que chacune des soixante annuités s'élevât à 100 ou même 150 mille francs, en capital et en intérêts, les actionnaires recevraient un dividende plus que double de celui qu'on leur promet, ce qui leur donnerait l'avantage d'effectuer eux-mêmes, sans perte, l'amortissement de leurs actions au capital nominal de 500 fr.

XXXIII. — Résumons en quelques mots les principaux griefs qui résultent, contre les administrateurs, de ce rapport du 9 juillet 1851, si péniblement élaboré :

1° Ils ont mensongèrement annoncé un traité consenti à M. Bertodano, pour la jouissance du chemin de fer pendant quarante-sept ans; afin de dissimuler aux actionnaires que ce traité avait été passé avec M. Tharaud, président du Conseil d'administration, et M. Stokes, qu'on voit figurer dans tous les actes subséquents.

2° Ils ont abusivement détourné, an préjudice des actionnaires, les obligations de 3,700,000 francs originairement souscrites, pour libérer la rive gauche envers l'État ; dont le montant était destiné plus tard à solder les travaux que devait faire exécuter la Compagnie fermière; et qu'ils ont fini par attribuer à la Société Stokes, au profit de laquelle avaient été consentis le traité provisoire aussi bien que le traité définitif, sous le prétexte de lui accorder une indemnité à laquelle elle n'avait aucun droit.

3° Enfin les administrateurs, en alléguant mensongèrement qu'ils ne s'agissait que d'une simple modification, ont voulu substituer à un traité sanctionné par l'autorité législative et qui assurait une position avantageuse aux actionnaires de la rive gauche, une convention dont ils se sont dispensés de leur faire connaître le texte; et qui, en même temps qu'elle réduit d'un cinquième le capital nominal des actions, leur fait subir une dépréciation notable, soit à cause du faible intérêt ou dividende attaché à ces actions, soit à cause de l'incertitude de l'époque à laquelle le capital réduit sera remboursé; en même temps qu'il déshérite les actionnaires des chances avantageuses que l'exploi-

.tation du chemin de fer de l'Ouest leur présentait dans l'avenir.

Ainsi se trouve complétement justifié le premier reproche que nous avons adressé aux administrateurs, d'avoir compliqué leur exposé d'une foule de détails oiseux et presque toujours mensongers, dans lesquels l'attention la plus soutenue aurait eu de la peine à les suivre ; de telle sorte que leurs conclusions pussent être accueillies, sans avoir été comprises.

XXXIV. — Quant au second reproche qui consiste à avoir introduit dans l'assemblée générale du 9 juillet 1851 un grand nombre de faux actionnaires, dans le double but d'étouffer les attaques dont la conduite des administrateurs pourrait être l'objet et de leur assurer la majorité lors du vote, nous avions espéré jusqu'à ce moment pouvoir consigner ici plusieurs documents officiels propres à établir ce fait d'une manière authentique, notamment le procès-verbal de M. le commissaire de police Bellanger, constatant la saisie des fausses cartes entre les mains de ceux qui s'en trouvaient porteurs, lors de la réunion générale des actionnaires, ainsi que les déclarations faites à ce sujet par plusieurs d'entre eux.

Autorisé à cet effet par M. le procureur général, à la haute impartialité duquel nous sommes heureux d'avoir à rendre hommage, nous avons demandé communication du dossier dont ces pièces font partie.

MM. les officiers du parquet ont bien voulu seconder nos recherches avec une extrême bienveillance, mais elles ont été jusqu'à présent infructueuses.

Nous avons appris que le procès-verbal de M. Bellanger ainsi que les fausses cartes saisies (elles seraient, dit-on, au nombre de *cent soixante-trois*), se trouvent jointes au dossier de la poursuite dirigée contre M. D..., l'un des administrateurs du chemin de fer de la rive gauche, pour injures par lui adressées au commissaire de police qui avait constaté l'introduction à l'assemblée générale d'en grand nombre de faux actionnaires.

Condamné à un emprisonnement et à une amende par le tribunal de police correctionnelle, M. D... s'était inutilement pourvu, d'abord en appel, ensuite en cassation.

Dans le cours de ces longues procédures, le dossier dut passer successivement sous les yeux des magistrats appartenant aux divers degrés de juridiction ; et même, depuis l'arrêt définitif, il a été l'objet de plusieurs communications, dont nous avons trouvé les traces sur les registres du greffe de la Cour impériale.

M. l'avocat général attaché au service du parquet paraît être le dernier qui en ait demandé la communication : mais d'après les explications qu'il a bien voulu nous donner, c'était pour transmettre le dossier à un autre magistrat qui avait à en prendre connaissance ; et comme les recherches continuent, par ses ordres, nous avons tout lieu d'espérer qu'elles ne seront pas infructueuses.

Quoi qu'il en soit, nous ne pensons pas qu'on cherche à nier un fait qui est de notoriété publique ; d'autant que des documents qui se trouvent entre nos mains, nous permettraient de désigner et l'administrateur qui a délivré les fausses cartes, et les agents qu'il avait chargé d'en faire la distribution.

Notre plume se refuse à qualifier un tel fait ; chacun peut se demander s'il y a bonne foi et loyauté de la part de ceux qui, ayant à rendre compte de leur administration, cherchent à se donner des juges incompétents, dont ils ont d'avance acheté le suffrage.

XXXV. — On a vu que dans leur rapport du 9 juillet 1851 les administrateurs avaient annoncé aux actionnaires, comme deux faits accomplis : 1° la convention passée entre eux et la Compagnie de l'Ouest, pour modifier le traité du 21 novembre 1850 ; 2° l'abandon des obligations de 3,700,000 francs, soit pour indemnité due à la Société fermière, soit pour le prix des travaux que les concessionnaires du chemin de fer de l'Ouest étaient tenus d'exécuter, à la décharge de la rive gauche ;

Et si les circonstances dont nous venons de rendre compte n'avaient empêché la lecture du rapport et par suite la délibération de l'assemblée générale, il est probable que, grâce aux précautions par eux prises, les administrateurs auraient obtenu un vote approbatif des conclusions de ce rapport.

Toutefois il est certain que le traité fatal par lequel on réduisait le capital des actions de la rive gauche, en leur attribuant le faible dividende de 15 francs, n'existait pas encore au moment où on leur demandait de l'approuver.

En effet, nous avons sous les yeux l'acte constitutif de la Société anonyme de l'Ouest, passé devant Mayre et son collègue, notaires à Paris, *le 20 janvier 1852, plus de six mois après le rapport du 9 juillet 1851.*

Nous lisons dans le préambule de cet acte :

« A comparu M. Charles-Samuel Stokes, agissant tant en son nom personnel, comme l'un des concessionnaires du chemin de fer de l'Ouest et ses dépendances, en vertu de la loi du 13 mai 1851 et du décret du 16 juillet suivant,

Que comme mandataire des autres concessionnaires, ci-après nommés, dudit chemin de fer, savoir...

« Lequel a exposé ce qui suit :

« Par une loi du 13 mai 1851 sus relatée, M. le ministre des travaux publics a été autorisé à concéder directement à MM. Peto, Betts, Brassey, Grach, Fox, Henderson et Stokes tous sus nommés, le chemin de fer de l'Ouest, aux clauses et conditions du cahier des charges annexé à ladite loi. La *loi précitée charge les mêmes personnes de l'exploitation du chemin de fer de Paris à Versailles* (rive gauche), EN EXÉCUTION DU TRAITÉ INTERVENU LE 21 NOVEMBRE 1850, ENTRE ELLES ET LA COMPAGNIE CONCESSIONNAIRE DE CE CHEMIN; ce traité est annexé à la loi du 13 mai 1851...

« Art. 5. MM. Peto..... concessionnaires, font apport à la Société du chemin de fer de l'Ouest et de tous les droits qui y sont attachés, tels qu'ils résultent de la loi du 13 mai 1851, du cahier des charges qui y est annexé et du décret du 16 juillet suivant. Ils font également apport à la Compagnie *des traités annexés à la loi et au décret précités*, et concernant: 1° *l'exploitation du chemin* de fer de Versailles (rive gauche).

« En conséquence, la Compagnie est mise au lieu et place des concessionnaires, à la charge par elle de satisfaire à toutes les clauses et conditions, tant de la loi du 13 mai, du cahier des charges qui y est annexé, que du décret de concession du 16 juillet, et des conventions et traités ci-dessus mentionnés.

Il est donc manifeste, qu'encore au mois de janvier 1852, la Compagnie de l'Ouest se considérait comme liée par le traité du 21 novembre 1850.

Mais les administrateurs de la rive gauche avaient sans doute un grand intérêt à ce que ce traité fût anéanti, et à ce qu'on y substituât celui qui, au lieu de la moitié des produits, attribuait aux actions un dividende annuel de 15 francs avec l'expectative d'un remboursement de 400 francs.

XXXVI. — Une année entière s'écoula en négociations, non que l'arrangement proposé ne fut extrêmement avantageux à la Compagnie de l'Ouest, mais peut-être parce qu'elle trouvait quelque chose d'étrange dans l'annulation d'un traité sanctionné par plusieurs actes législatifs. Cette explication nous paraît d'autant plus naturelle, que le Conseil de la Compagnie de l'Ouest a pris lui-même l'initiative, pour adoucir une des conditions onéreuses que les administrateurs de la rive gauche avaient spontanément consentie au grand détriment des actionnaires.

Ce ne fut que le 8 juillet 1852 que les administrateurs se détermi- nèrent à convoquer une nouvelle assemblée générale.

Nous ne présenterons qu'une analyse rapide de leur rapport textuel- lement inséré dans le *Journal des Chemins de fer*, du 17 juillet 1852.

Après avoir rappelé la séance scandaleuse du 9 juillet 1851, les administrateurs rendent compte en ces termes des démarches qu'ils ont faites pour obtenir de la Compagnie de l'Ouest la ratification du traité substitué à celui du 21 novembre 1850.

« Convaincus que ces modifications au traité du 21 novembre sont avan- tageuses aux actionnaires de la rive gauche, nous avons fait tous nos efforts pour obtenir cette ratification. Nous nous sommes rendus à Londres : mal- heureusement tous les concessionnaires ne s'y trouvaient pas; mais nous avons été assez heureux pour obtenir une lettre, en date du 24 septembre, nous promettant non-seulement la ratification, mais encore exécutant à l'avance ces nouvelles conventions, par le payement des intérêts de nos obligations hypothécaires et le remboursement de celles indiquées par le tirage annuel.

« Depuis, le 2 octobre, nous reçûmes une nouvelle lettre nous annonçant la pleine et entière ratification de nos conventions du 8 juillet. Dès le mois de novembre, la Compagnie de l'Ouest, voulant constituer une Compagnie anonyme, présenta ses statuts à l'approbation du Conseil d'État. Les événe- ments de décembre retardèrent l'approbation de ces statuts; elle ne put être obtenue que le 21 janvier dernier.

« Les modifications convenues au traité du 21 novembre 1850 ne purent être visées par le Conseil d'État dans les statuts de la Compagnie de l'Ouest, puisqu'elles étaient des stipulations particulières entre Compagnies; mais il n'en fut pas moins convenu que ces modifications seraient approuvées par le Conseil de la Compagnie de l'Ouest.

« En effet, ce Conseil étant constitué, les conventions du 8 juillet lui furent soumises, il n'hésita pas à les approuver; et le rapport fait à l'As- semblée générale des actionnaires de l'Ouest, le 6 mai dernier, vous en donne la preuve. »

XXXVII. — Ainsi, ce serait le 8 juillet 1851, la veille de l'assemblée générale des actionnaires de la rive gauche, qu'aurait été improvisée la prétendue modification au traité du 21 novembre 1850. On se de- mande dès lors, comment avait pu être préparé le long rapport à la suite duquel on se flattait d'obtenir l'approbation des actionnaires; et quel jour ces derniers avaient été convoqués, pour l'assemblée du 9.

Il y a dans le passage que nous venons de citer une date évidem- ment erronée et une assertion qu'il est impossible d'admettre.

Assurément, ce n'est pas au mois de novembre 1851 que la Société anonyme de l'Ouest a pu soumettre ses statuts à l'approbation du Conseil d'État, puisque l'acte notarié qui les contient est sous la date du 20 janvier 1852. D'ailleurs la première de ces époques était elle-même postérieure de quatre mois à celle où d'après l'assertion des administrateurs, aurait été arrêtée la convention dérogatoire au traité du 21 novembre 1850.

C'est à tort que ces messieurs prétendent expliquer le silence gardé au sujet de la convention dont il s'agit, en disant que le Conseil d'État n'avait pas à s'occuper d'une *stipulation particulière entre compagnies.*

La question n'est nullement de savoir si le Conseil d'État avait à connaître d'une stipulation de cette nature. Voici le fait dans toute sa simplicité. M. Stokes figure dans l'acte du 20 janvier, tant en son nom personnel que comme fondé de pouvoirs des autres concessionnaires du chemin de fer de l'Ouest; c'est lui qui dicte au notaire l'exposé consigné dans le préambule de l'acte; c'est lui aussi qui s'explique sur ce qui constitue l'apport fait à la Société anonyme constituée par cet acte.

Or, puisque, dans le préambule, il déclare que par la loi du 13 mai 1851, les concessionnaires sont chargés de l'exploitation du chemin de fer de Paris à Versailles (rive gauche) *en exécution du traité intervenu le 21 novembre* 1850, entre eux et la compagnie concessionnaire de ce chemin de fer; lequel traité est annexé à la loi du 13 mai 1851.

Puisqu'il fait apport à la Société anonyme des traités annexés à ladite loi, concernant 1° l'exploitation du chemin de fer de Versailles (rive gauche); 2°... et qu'il charge ladite Société d'exécuter les conditions des traités dont il s'agit.

On doit nécessairement en tirer la conséquence que le traité du 21 novembre 1850 était encore alors le seul existant pour la Compagnie de l'Ouest; et que s'il eût été modifié, ou plutôt annulé par une convention subséquente, M. Stokes n'eût pas manqué d'en faire mention dans les Statuts, à la rédaction desquels il présidait seul, en l'absence de ses cointéressés.

XXXIX. — Ensuite MM. les administrateurs citent un passage du rapport fait par le Conseil de la Compagnie de l'Ouest à l'assemblée générale de ses actionnaires; et l'on conçoit que, par cela même qu'elle était défavorable à la rive gauche, la nouvelle convention devait être avantageuse à ceux qui traitaient avec elle.

Voici ce qu'on lit dans ce rapport :

« Comme nous admettons le principe du traité, nous nous sommes pressés d'entrer en négociation avec le Conseil de la rive gauche. Nous avons reconnu que les clauses relatives au payement de quinze francs d'intérêt, à l'amortissement, au prix de 400 francs des actions et au règlement de la dette envers l'État pouvaient être acceptées; mais en même temps, nous avons remarqué dans l'état des dettes de la Compagnie de la rive gauche, qu'une somme de 3,700,000 francs y figurait comme la représentation de 740 obligations réservées à M. Stokes, par suite d'arrangements afin d'obtenir, ainsi qu'il est expliqué dans le rapport de la rive gauche, en date du 8 juillet 1831, la résiliation du bail de la Compagnie financière et l'achèvement de certains travaux.

« Ces travaux, montant à un million de francs, ont été mis à notre charge par la convention annexée à la loi. De plus, dans la dette envers l'État figurent, pour environ 300,000 francs, des travaux exécutés par Vital, au compte de la Compagnie de la rive gauche, et dont le remboursement doit être garanti par la Compagnie de l'Ouest.

« Nous avons pensé, en conséquence, qu'une réduction de 1,300,000 fr. devait être opérée sur le montant de la dette de la rive gauche.

« Cette opinion, que nous nous sommes formée par la vérification du chiffre des travaux, et en dehors de toute considération relative aux concessionnaires, a été néanmoins adoptée par le Conseil composé des membres anglais et français; et les concessionnaires se sont empressés d'y adhérer. »

Si l'on se reporte au rapport du 9 juillet 1831, on voit que les administrateurs de la rive gauche abandonnaient à M. Stokes la totalité des 3,700,000 francs, savoir : 2,000,000 pour les travaux à exécuter par la Compagnie de l'Ouest, qu'ils évaluaient à cette somme, et le surplus pour indemniser la Compagnie fermière de la résiliation de son traité.

Or, le Conseil de la Compagnie de l'Ouest, après vérification du chiffre des travaux, reconnaît qu'ils ne s'élèvent pas à 2,000,000, mais à 1,000,000 seulement.

D'autre part, elle reconnaît que ces travaux ayant été mis à la charge de la Compagnie de l'Ouest par la convention annexée à la loi, elle n'a pas le droit d'en répéter le prix, ainsi que nous l'avons nous-même précédemment démontré; de sorte que la dette de la rive gauche, pour cet objet, ne doit pas être seulement diminuée de la somme de 1,000,000, mais de celle de 2,000,000, que les administrateurs de la Compagnie de Versailles avaient indûment affectée au payement des travaux dont il s'agit.

Nous ne reproduirons pas nos observations, au sujet de la portion des obligations de 3,700,000 francs, abandonnée à M. Stokes pour traiter à forfait de la résiliation du traité avec la Compagnie fermière. Il ne pouvait ÿ avoir lieu à aucune indemnité, lorsque d'un côté on ne justifiait pas d'un préjudice éprouvé, et que d'un autre côté M. Stokes lui-même avait été successivement, d'abord le fermier temporaire, puis le fermier définitif, pour toute la durée de la concession de l'Ouest.

XL. — Après avoir cité ce passage du rapport fait par le Conseil de la Compagnie de l'Ouest, les administrateurs de la rive gauche s'expriment ainsi :

« Ainsi que vous l'entendez, Messieurs, tout en admettant en principe, et comme une chose utile aux intérêts des deux Compagnies, les modifications du 8 juillet au traité du 21 novembre 1850, la Compagnie de l'Ouest *impose la condition de l'annulation de 1,300,000 francs, obligations de la rive gauche*, comme représentant l'importance des travaux définitivement mis à la charge de cette Compagnie, pour mettre le chemin de fer de la rive gauche en parfait rapport d'exploitation avec le chemin de l'Ouest.

« Cette clause est tellement équitable, que la Compagnie de l'Ouest n'a pas hésité à passer avec nous un traité qui est soumis à votre ratification, convaincue comme nous que ces obligations seront annulées, aussitôt que votre approbation aura été donnée audit traité. »

MM. les administrateurs de la rive gauche présentent comme une *exigence* de la part de la Compagnie de l'Ouest, ce que nous considérions tout à l'heure comme une *concession bénévole*, en faveur de la rive gauche; puisqu'en résultat il s'agirait d'opérer une réduction de 1,300,000 francs, sur les 3,700,000 francs d'obligations dont les administrateurs annonçaient avoir consenti l'abandon intégral dans leur rapport du 9 juillet 1851. Ainsi, grâce au langage énigmatique qui paraît leur être familier, les administrateurs semblent avoir voulu couvrir d'un voile impénétrable une opération d'une importance extrême pour les actionnaires, puisqu'il s'agit de la disposition abusive pour totalité ou pour partie d'un capital considérable, destiné, dans le principe, à acquitter leur dette envers l'État.

XLI. — Comme ils l'avaient essayé dans leur précédent rapport, les administrateurs cherchent à faire ressortir les avantages du traité modificatif. Il paraît inutile de les suivre dans cette polémique ; nous avons eu déjà l'occasion de manifester sur ce point une opinion diamétralement opposée à la leur.

Il y a toutefois deux circonstances dont ces messieurs rendent compte dans la dernière partie de leur rapport, et qu'il convient de préciser ici, parce qu'on pourra en tirer quelques arguments pour la discussion.

La première, c'est que l'exploitation du chemin de fer de la rive gauche, commencée par la Compagnie fermière le 1er avril 1850, n'a duré que seize mois et vingt jours, puisqu'à partir du 20 août 1851 cette exploitation aurait été reprise par la Compagnie de l'Ouest.

La seconde, c'est que, par suite de démissions successives, le Conseil d'administration s'était trouvé réduit à six membres, et qu'on s'était dispensé de le compléter.

A la suite du rapport, l'assemblée approuva le traité passé le 8 juillet 1851 entre le Conseil de la Compagnie de la rive gauche et le Conseil de la Compagnie de l'Ouest, ledit traité modificatif de celui du 21 novembre 1850, et assurant aux actionnaires de la rive gauche un intérêt annuel de 15 francs par action, et leur remboursement au taux de 400 francs, par un tirage annuel et progressif.

XLII. — Que se passa-t-il à cette assemblée générale?

Voici des faits attestés par plusieurs personnes qui y assistaient, et dont il serait facile, dans tous les cas, de rapporter la preuve.

Un grand nombre d'actionnaires s'étaient levés pour demander quelques explications sur le rapport; mais leurs réclamations furent étouffées par les clameurs de ces hommes que des administrateurs habiles ont toujours à leur disposition, quand il s'agit d'emporter un vote dans une assemblée tumultueuse, où les passions imposent plus d'une fois silence aux intérêts légitimes.

Ces actionnaires veulent se retirer, pour ne pas prendre part à la délibération qui doit intervenir sur les conclusions du rapport, mais les portes de la salle sont fermées; on fait voter par assis et levé, au lieu de procéder par la voie légale du scrutin, ainsi que l'exigeait l'importance du traité que les administrateurs avaient tant à cœur de faire sanctionner; et comme au milieu de ce tumulte une grande partie des membres de l'assemblée étaient restés debout, on déclare que le traité du 8 juillet 1851 a été approuvé par la majorité.

Deux circonstances capitales sont toutefois indispensables, pour la validité de la délibération dont excipent les administrateurs; et comme elles ne paraissent pas avoir été constatées par le procès-verbal de la séance, ils sont tenus d'en justifier, pour être autorisés à se faire un titre de cette délibération.

On n'a pas oublié, en effet, les dispositions des art. 37 et 39 des statuts, qui, dans le cas où il s'agirait de prononcer la dissolution de la Société avant l'expiration du temps fixé pour sa durée, comme dans le cas où il s'agirait d'apporter aux statuts des modifications que l'expérience ferait reconnaître nécessaires, exigent, pour que la délibération de l'assemblée générale soit valable : 1° que les membres présents réunissent dans leurs mains la moitié plus une des actions composant le fonds social ; 2° que la décision soit prise à la majorité des deux tiers des voix qui concourent à la délibération. Ces deux circonstances concouraient évidemment ici pour donner lieu à l'application des art. 37 et 39 ; car (ainsi que les administrateurs l'ont d'ailleurs reconnu peu de temps après) la Société se trouvait réellement dissoute par le traité du 8 juillet 1851, puisqu'il n'existait plus de lien social entre les actionnaires, et que chacun d'eux n'avait plus qu'à exercer un droit qui lui était personnel, en recevant un dividende de 15 francs par action, jusqu'à ce qu'elle lui fût remboursée au prix de 400 francs.

Ensuite, il s'agissait de la modification la plus grave aux statuts, puisque la jouissance et la propriété commune et indivise du chemin de fer de la rive gauche étaient définitivement perdues pour eux.

Posons donc, comme un point de fait désormais incontestable, que la prétendue approbation du déplorable traité de 1852, subrepticement substitué à celui du 21 novembre 1850, qui faisait participer les actionnaires aux bénéfices de l'exploitation d'un chemin de fer que leurs capitaux avaient servi à construire, doit être considérée comme non avenue, si, d'une part, les membres présents à l'assemblée générale du 8 juillet 1852 ne réunissaient pas dans leurs mains plus de la moitié des actions composant le fonds social ; et si, d'autre part, il n'y avait pas, pour le vote approbatif de ce traité, la majorité des deux tiers des actionnaires réunis en assemblée générale.

Pour en finir sur ce point, nous devons faire connaître une protestation signifiée, au nom des actionnaires dissidents, par deux d'entre eux, parce qu'on y trouve l'énonciation de certains faits qui peuvent servir à la manifestation de la vérité.

— « L'an 1852, le 9 juillet, à la requête de MM. XX...., j'ai, Charles-Auguste Taine, huissier... soussigné, signifié et déclaré à MM. les directeurs et administrateurs, ou se disant tels, de la Compagnie du chemin de fer de Paris à Versailles (rive gauche), au siége de ladite Compagnie,

« Que les requérants, cédant aux sollicitations d'un grand nombre d'actionnaires, protestent, de la manière la plus formelle, contre l'assemblée qui a eu lieu hier 8 juillet, et contre les opérations qui s'y sont faites, ainsi que les faits qui s'y sont passés ;

4

« Qu'en effet, l'art. 39 des statuts de la Société a été complétement violé dans la séance de ladite assemblée; qu'aux termes de cet article, l'assemblée générale peut faire subir des modifications aux statuts, en réunissant la moitié plus une, au moins, des actions émises; et la décision n'est valable qu'autant que la délibération est prise à la majorité des deux tiers des voix. Or, il résulte d'un bulletin écrit de la main du sieur Benguet, caissier, à la date du 5 courant, à quatre heures et demie du soir, au moment de la fermeture des bureaux, en présence d'un administrateur et d'un actionnaire, que le nombre des actions présentées atteignait le chiffre de 6544, tandis qu'il eut dû être de 10,000 au moins; et que la majorité, au lieu d'être des deux tiers des voix, n'était, malgré un grand nombre d'actionnaires fictifs, qu'environ de 32 voix.

« Qu'aux termes de l'art. 31 des statuts, l'assemblée doit choisir chaque année trois commissaires de comptabilité pour vérifier les comptes de l'administration; que cependant aucune commission de comptabilité n'a été régulièrement constituée depuis 1847; les commissaires nommés par l'assemblée générale de 1848 pour vérifier la comptabilité, depuis la création du chemin de fer, n'ayant pu se livrer, jusqu'à ce jour, à aucun travail, par suite du refus des administrateurs de produire leurs registres, ont dû se retirer.

« Que lors de l'assemblée du 8 courant, dans le salon de Mars, beaucoup d'actionnaires se sont aperçus qu'un grand nombre d'autres actionnaires fictifs assistaient à la réunion, y provoquaient, d'un commun accord, des troubles dans la discussion, et couvraient de leurs cris la voix des actionnaires sérieux qui réclamaient l'exercice de leurs droits; au point que ces derniers voyant leurs intérêts compromis, refusèrent de voter et se disposaient à quitter la salle, lorsque M. le commissaire de police, à la sollicitation des administrateurs, fit barrer les portes, comme pour forcer les actionnaires à prendre part au vote.

« Par ces divers motifs, tant en leurs noms personnels qu'au nom de leurs cointéressés, actionnaires aussi du chemin de fer de la rive gauche, les requérants protestent de nullité contre les actes et délibérations de ladite assemblée, et persistent à suivre l'exécution du jugement rendu le 18 mai dernier, autorisant la convocation de l'assemblée générale. Ils protestent également contre l'articulation qui pourrait être produite comme preuve justificative d'une enquête qui aurait été ordonnée par le juge d'instruction, enquête qui ne repose que sur une question de détail.

« Déclarons aux susnommés que la présente protestation va être adressée à M. le ministre des travaux publics et à MM. les membres du conseil d'État, avec prière d'ordonner une enquête immédiate, à l'effet de procéder à la vérification des comptes de l'administration, depuis la création du chemin jusqu'à ce jour; et pour qu'ils n'en ignorent, je leur ai laissé copie. »

Nous n'avons pas la mission de garantir l'exactitude de toutes les assertions consignées dans cet acte extrajudiciaire, non plus que la solidité des arguments de droit invoqués par les requérants.

La seule conséquence à tirer de cette protestation, c'est que l'étrange conduite des administrateurs de la rive gauche avait fait naître dans le cœur des actionnaires un sentiment fâcheux d'irritation qui ne tarda pas à se manifester de la manière la plus énergique.

LXIII. — Deux points importants peuvent encore paraître incertains en présence des rapports et des délibérations dont nous venons de présenter l'analyse.

Quel usage avait-on fait, en définitive, des 3,700,000 francs d'obligations souscrites par la rive gauche, pour se libérer de la dette envers l'État?

Devait-on considérer comme valable et définitive la prétendue approbation donnée par l'assemblée générale du 8 juillet 1852, à la convention annoncée comme une modification au traité du 21 novembre 1850, qui admettait les actionnaires de la rive gauche, au partage par moitié des tarifs, perçus, tant sur les voyageurs que sur les marchandises circulant de Versailles à Paris ?

On trouve la solution de ces deux questions dans un rapport fait aux actionnaires du chemin de fer de l'Ouest. Dans leur assemblée générale du 13 *février* 1853, postérieure de plus de sept mois à la dernière assemblée générale des actionnaires de la rive gauche, dont nous venons de rendre compte.

Voici un premier passage de ce rapport :

— « Les trois traités passés avec la Compagnie de Saint-Germain, de Versailles (rive droite) et de Versailles (rive gauche), ont reçu leur exécution. Par suite, 15,036 obligations de 1,000 francs chacune, remboursables à 1250 francs, en 50 ans, et produisant 5 p. 100 d'intérêt, ont été émises... 3,100 obligations à la rive gauche, pour remboursement 1° des dettes hypothécaires de cette compagnie, jusqu'à concurrence de 700,000 francs ; 2° de l'indemnité accordée par la rive gauche à ses anciens fermiers, et réduite par la Compagnie de l'Ouest, de 3,700,000 francs à 2,400,000 francs.

Ainsi, la position des actionnaires, au sujet des obligations qu'on a souscrites en leur nom, si elle est déplorable, se trouve au moins fixée d'une manière précise au moyen des explications catégoriques consignées dans ce rapport. Ils sont toujours débiteurs des 3,700,000 fr. qu'on leur a fait emprunter. Seulement, sur le montant de cet emprunt, on a dégrevé leur passif d'une somme de 700,000 fr., de sorte que par le résultat des mystérieuses combinaisons faites par leurs administrateurs avec la Compagnie fermière et la Compagnie Stokes, qui n'en formaient en réalité qu'une seule, ainsi que nous l'avons démontré, *leur dette se trouve augmentée de trois millions.*

Hâtons-nous d'ajouter que les explications données du moins avec franchise par le Conseil d'administration de la Compagnie de l'Ouest, démontrent que tout le monde a prétendu se montrer généreux aux dépens des malheureux actionnaires de la rive gauche, en ayant toutefois l'air de vouloir améliorer leur position.

En effet, le Conseil d'administration de l'Ouest annonce dans son rapport qu'*il a réduit à 2,400,000 fr. l'indemnité de 3,700,000 fr. que la rive gauche avait accordée à ses anciens fermiers.*

Mais où donc a-t-on vu qu'il eût jamais été question d'allouer une indemnité aussi exorbitante à la Compagnie fermière, qui, loin d'avoir éprouvé aucune perte, avait fait un bénéfice considérable, puisqu'ayant perçu pendant seize mois le produit du chemin de fer, s'élevant au moins à un million, elle n'avait payé aux actionnaires qu'une somme de 150 à 160 mille francs?

Qu'on se réfère au rapport des administrateurs de la rive gauche, sous la date du 8 juillet 1851; l'on y verra que sur le montant des obligations, ils allouaient *deux millions* à la Compagnie de l'Ouest pour prix des travaux qu'elle avait fait exécuter; et que l'excédant de ces obligations (c'est-à-dire un million tout au plus, puisque les 700,000 francs formant le complément des obligations représentaient une différence d'intérêts, ainsi que la commission due pour le prêt) lui était accordé pour traiter à forfait de l'indemnité de la Compagnie fermière, par suite de la résiliation de son bail.

Ainsi tout en paraissant faire une réduction de 1,300,000 francs dont devait profiter la rive gauche, on la chargeait d'une somme supérieure à ces 1,300,000 francs, puisque l'on portait de 1,000,000 à 2,400,000 francs la prétendue indemnité de la compagnie fermière.

Nous pensons que la Compagnie de l'Ouest doit être responsable d'une disposition de fonds aussi abusive : quant aux administrateurs de la rive gauche, il ne saurait y avoir le moindre doute. Représentants de la société, ce n'est qu'avec leur consentement et d'après des conventions privées qu'ils ont su envelopper d'un mystère impénétrable, que la Compagnie de l'Ouest a pu s'attribuer un capital considérable qui ne lui appartenait pas; et comme il est certain qu'on n'avait rien à payer à la Compagnie de l'Ouest, pour des travaux qu'elle était personnellement chargée d'exécuter et qu'elle-même ne réclame rien à ce titre; que la prétendue indemnité allouée aux fermiers temporaires ne se trouve justifiée sous aucun rapport, on arrive nécessairement à cette conséquence, qu'il y a lieu au rapport intégral du montant des obligations, sous la seule déduction de 700,000 francs, s'il est vrai, comme on l'annonce, que cette somme ait été employée à payer les créanciers hypothécaires de la rive gauche.

XLIV. — Le deuxième passage que nous croyons devoir emprunter au rapport fait à l'assemblée générale des actionnaires de l'Ouest, le 13 février 1853, est ainsi conçu :

« Le service de l'annuité de 15 francs, attribuée à chaque action de la rive gauche, est fait par la Compagnie de l'Ouest ; deux semestres ont été payés. Pour éviter toute contestation, il a été demandé à la Compagnie de la rive gauche *de faire déclarer par une délibération de l'assemblée générale de ses actionnaires*, que la quittance *donnée par eux des semestres payés emporterait pleine et entière décharge, à l'égard de tous et de chacun des actionnaires.*

Ce passage donne lieu à plusieurs observations, qu'il nous suffira de préciser, sans leur donner les développements dont elles seraient susceptibles.

1° Si la délibération prise par l'assemblée générale du 8 juillet 1852 lui semblait légale et régulière, sous le double rapport du nombre des actions représentées dans cette assemblée et de la majorité qui s'était prononcée pour l'approbation du traité, la Compagnie de l'Ouest pouvait l'exécuter avec une sécurité complète, puisque tous les actionnaires se trouvaient irrévocablement liés par une décision prise conformément aux statuts qui régissaient leur société ; son inquiétude ne s'explique que par les doutes sérieux qui s'élevaient dans l'esprit de ses administrateurs, sur l'approbation régulière d'un traité dont ils n'osaient faire usage.

2° Le rédacteur du rapport pensait avec raison que lorsqu'il s'agissait d'un traité de cette importance, entraînant pas le fait la dissolution d'une société légalement contractée, les adhésions individuelles, *tacites* ou plutôt *présumées* que l'on pourrait faire résulter de la quittance d'un intérêt ou d'un dividende donnée par de malheureux actionnaires dont les capitaux étaient depuis si longtemps improductifs ne sauraient rendre cet acte obligatoire pour la masse, ni même pour ceux qui auraient reçu cet intérêt ou ce dividende ; qu'il fallait que l'intention du corps social tout entier fût manifestée d'une manière régulière, par son seul représentant légal, l'assemblée générale des actionnaires.

3° Sur ce point, l'opinion de la Compagnie de l'Ouest différait essentiellement de celle des administrateurs de la rive gauche. Ces derniers, dont la conduite ne saurait s'expliquer que par un intérêt secret qu'ils avaient à l'anéantissement du traité sanctionné par l'autorité législative, cherchaient tous les moyens possibles de faire prévaloir la convention subrepticement substituée à ce traité; la Compagnie de l'Ouest au contraire, quelque avantageuse que lui fût cette convention, avait intérêt à ne l'exécuter que lorsqu'elle serait sanctionnée d'une manière régulière et définitive. Aussi tandis que le Conseil d'administration de la rive gauche a voulu, dans diverses circonstances, exciper du payement du dividende de 15 francs comme d'une fin de non-recevoir contre les attaques dont la convention du 8 juillet 1851 serait l'objet, la Compagnie de l'Ouest a demandé, ainsi que l'annonce le rapport de son Conseil d'administration, de faire déclarer par l'assemblée générale des actionnaires du chemin de Versailles (rive gauche) :

— « Que la quittance donnée par eux des semestres payés emportait pleine et entière décharge à l'égard de tous et de chacun des actionnaires. »

4° Enfin, le fait qui s'est passé à une époque à peu près contemporaine, prouve que la Compagnie de l'Ouest ne cherchait qu'un prétexte pour ne pas exécuter la convention du 8 juillet 1851, tant qu'elle n'aurait pas reçu une sanction définitive qui pût lui permettre de considérer comme non avenu le traité du 21 novembre 1850.

A tort ou à raison (car c'est le fait en lui-même que nous constatons, sans le blâmer ou l'approuver), quelques actionnaires de la rive gauche avaient formé, entre les mains de la Compagnie de l'Ouest, une opposition au payement du dividende de 15 fr.

Cette opposition n'étant pas formée sur tel ou tel actionnaire en particulier, par un tiers qui se serait prétendu son créancier, n'aurait pas dû être considérée comme un obstacle à l'exécution d'un traité légalement conclu avec la masse des actionnaires de la rive gauche.

Toutefois, la Compagnie a suspendu tout payement de dividende, postérieurement à cette opposition, dans l'incertitude où elle se trouvait sur celui des deux traités qu'elle serait en résultat obligée d'exécuter envers les actionnaires de la rive gauche.

XLV. — Les administrateurs ne pouvaient se dissimuler le mécontentement d'une grande partie des actionnaires, et ils éludaient, autant que cela dépendait d'eux, la convocation d'une assemblée générale, dans laquelle des explications sérieuses pourraient leur être demandées sur cette série d'actes par lesquels on avait aggravé d'une manière si fâcheuse la situation de la Société ; car enfin l'exploitation et même la propriété de leur chemin de fer se trouvaient aliénées, et les malheureux actionnaires ne recevaient rien.

Une pensée assez naturelle chez ceux qui sont victimes de l'arbitraire, c'est d'adresser leurs réclamations au trône, qu'ils considèrent avec raison comme la source de toute justice : aussi, une supplique fut-elle présentée à S. M. l'Empereur au nom de plusieurs actionnaires, pour demander la convocation d'une assemblée générale.

Le ministre des travaux publics, auquel cette pétition fut renvoyée, dut en informer le Conseil d'administration de la rive gauche, qui convoqua l'assemblée générale pour le 23 avril 1853.

Le 21 du même mois, l'avant-veille du jour indiqué pour la réunion, la circulaire suivante fut adressée aux actionnaires :

— « Monsieur, aux termes des statuts, le nombre des actions déposées étant insuffisant pour que l'assemblée, convoquée pour le 23 avril, puisse avoir lieu, j'ai l'honneur de vous prévenir qu'un nouvel avis vous fera connaître le jour de cette réunion.

J'ai l'honneur, etc.

« *Signé* : Le comte DE GUERNON. »

On peut se demander s'il dépend des administrateurs, ou de l'un d'eux, d'empêcher d'avance une réunion indiquée aux actionnaires, en leur annonçant, par une circulaire, que le nombre des actions déposées est insuffisant. Il semble plus naturel de constater dans la réunion elle-même, contradictoirement avec les membres présents, au moment de l'ouverture de la séance, qu'ils se trouvent en nombre insuffisant pour délibérer.

A la vérité, l'art. 28, troisième alinéa des statuts, veut que les actions *au porteur* soient présentées, au siége de la Société, deux jours au moins avant celui indiqué pour la réunion ; mais il n'en résulte pas, lorsque le fait n'est pas d'ailleurs constaté d'une manière légale, qu'en prétextant de l'insuffisance des actions déposées (lorsque d'ailleurs des actions nominatives pourraient compléter plus tard le nombre exigé), un administrateur ait le droit d'empêcher d'avance que la réunion indiquée ait lieu.

Quoi qu'il en soit, voici ce qu'on lit dans le quatrième et cinquième alinéas du même article :

« L'assemblée n'est régulièrement constituée, qu'autant que les *membres présents* réunissent le tiers des actions émises.

« Si cette proportion n'est pas atteinte sur une première convocation, il en est fait une seconde, à quinze jours d'intervalle ; et les *membres présents* à cette nouvelle réunion délibèrent valablement, quel que soit le nombre de leurs actions, mais seulement sur les objets à l'ordre du jour de la première réunion. »

Conformément à cet article, l'assemblée générale des actionnaires aurait dû être convoquée dans la première quinzaine de mai. Sans doute, les administrateurs n'étaient pas très-empressés de se présenter devant leurs juges naturels ; car le mois de mai et la plus grande partie du mois de juin se passent sans qu'on songe à la convocation.

Enfin cette convocation, depuis si longtemps sollicitée par les actionnaires, a lieu pour le 4 juillet 1853.

XLVI. — Ici nous allons voir s'organiser, entre le Conseil d'administration et une grande partie des actionnaires, une lutte violente qui trouve, à l'égard de ces derniers, son excuse dans les déceptions monstrueuses dont ils avaient été les victimes, mais qui n'a pas eu les heureux résultats qu'on en espérait, parce que le sentiment d'irritation que produit une longue injustice s'allie rarement avec le sang-froid et la prudence nécessaires pour en obtenir la réparation.

Nous n'avons ni à approuver ni à blâmer ce qui a été fait. Souvent des circonstances fâcheuses peuvent aggraver des fautes ou des erreurs involontaires ; et ce ne serait pas la première fois que l'on aurait accusé d'avoir trahi la cause commune, ceux qui n'avaient eu d'autre tort que de se tromper sur les moyens les plus propres à la servir.

Les administrateurs avaient convoqué l'assemblée générale des actionnaires pour le 4 juillet 1853. Cette convocation devait être considérée comme la suite de la réunion qui n'avait pu avoir lieu le 23 avril, à défaut d'un nombre suffisant d'actionnaires ; et dès lors l'assemblée générale pouvait valablement délibérer, quoique la majorité des actions n'y fût pas représentée.

Telle ne fut pas, sans doute, l'opinion du conseil d'administration de la rive gauche, ou du moins de M. *de Sauville*, administrateur délégué, qui, à la date du 1er juillet, adressa aux actionnaires une circulaire imprimée pour leur annoncer que « les actions déposées n'étant pas en nombre suffisant pour que l'assemblée pût avoir lieu légalement, ils étaient convoqués pour le mardi 19 juillet. »

Toutefois, un grand nombre d'actionnaires n'avaient pas jugé convenable de souscrire à un autre ajournement.

Un de ces actionnaires, déclarant agir en leur nom, se présenta le 4 juillet chez le sieur Taine, huissier, et y déclara, suivant un procès-verbal qui est sous nos yeux :

— « Que la prétendue administration du chemin de fer de Paris à Versailles (rive gauche) avait convoqué pour cejourd'hui, une heure de relevée, par la voie des affiches et des journaux, les actionnaires dudit chemin, et indiquant la réunion qui devait avoir lieu comme *première assemblée*, alors que ladite réunion est réellement une *seconde assemblée*, dans laquelle toute délibération sera valable, la première ayant été convoquée pour le 23 avril dernier ; qu'il vient d'apprendre par la voie des journaux, que M. de Sauville, prenant la qualité d'*administrateur délégué*, avait annoncé que l'assemblée convoquée pour aujourd'hui n'aurait pas lieu, le nombre d'actions déposées n'étant pas suffisant pour que ladite assemblée puisse délibérer valablement ;

« Qu'il importe aux actionnaires de voir cesser l'état d'abandon dans lequel se trouve la gestion et l'administration du chemin, comme aussi de pourvoir au remplacement des administrateurs et gérant ; que nonobstant le contre-avis donné par M. de Sauville, il a fait les démarches nécessaires auprès de M. le préfet de police et au ministère, à l'effet d'obtenir l'autorisation de tenir l'assemblée au Salon de Mars, rue du Bac, n° 85, pour que les actionnaires puissent délibérer de leurs intérêts ;

« Que M. le commissaire de police de la section a reçu les instructions de M. le préfet de police pour assister à la réunion ;

« Qu'en conséquence, il me requiert de me transporter cejourd'hui, à une heure de relevée, au lieu indiqué de la réunion, pour, en l'absence des registres de l'administration, donner procès-verbal de ce qui aura lieu ; et a signé après lecture. — *Signé* : JENICUECK.

« Déférant à cette réquisition, je me suis transporté à une heure de relevée, rue du Bac, n° 85, Salon de Mars, où étant, et en présence de M. le commissaire de police de la section et des témoins ci-après nommés, j'ai constaté les faits suivants. »

A la suite des détails relatifs à la formation du bureau et à la présence de deux cent vingt-quatre actionnaires réunissant 3764 actions, le procès-verbal s'exprime ainsi :

« Le président a donné lecture à l'assemblée du traité fait entre un sieur Charles-Jacques Stokes, se disant agir comme représentant la Compagnie du chemin de fer de l'Ouest, et les administrateurs et directeur du chemin de fer de Paris à Versailles (rive gauche); il a fait ressortir tout ce qu'il y avait d'illégal et de nuisible aux intérêts des actionnaires, dans un semblable traité, qui, loin d'avoir reçu la sanction impériale qui lui est nécessaire pour sa validité, a essuyé la réprobation générale.

« Il a ensuite rendu compte de la procédure par lui suivie devant le tribunal civil de la Seine, et des démarches par lui faites auprès des autorités administratives, et même de S. M. l'Empereur, pour obtenir le rétablissement légal de la gestion et de l'administration du chemin de fer dont il s'agit et l'annulation des actes illégaux qui ont pu être passés au préjudice des actionnaires; et il a ajouté qu'en ce moment même il n'existait plus d'administration, *le gérant ayant donné sa démission, et aucun des administrateurs ne remplissant plus les conditions imposées par les statuts.* »

Assurément, si cette dernière assertion était exacte, il est certain que l'administration du chemin de fer devait être reconstituée. Il ne s'agissait que de bien choisir la voie propre à atteindre ce but.

Ensuite, l'assemblée consultée par son président sur les deux questions suivantes :

« L'ancienne administration du chemin de fer de Paris à Versailles (rive gauche) doit-elle être destituée de son mandat; et y a-t-il lieu de demander la reddition du compte de sa gestion, depuis 1844 jusqu'à ce jour, tant contre le directeur que contre les administrateurs, solidairement et par corps ?

« Les traités passés par l'ancienne administration, en violation des statuts et de la loi, soit avec la Compagnie de l'Ouest, soit avec tout autre, relativement à l'aliénation du chemin de fer ou à sa fusion avec une autre ligne, doivent-ils être rejetés ?

« Elle se prononce affirmativement et à l'unanimité sur ces deux questions.

« Le président donne connaissance à l'assemblée (continue le procès-verbal) d'une affiche, à la date du 3 août 1852, invitant les actionnaires à venir toucher : 1° une somme de 15 francs *pour dividende*; 2° une somme de 400 francs à échoir aux actions qui sortiraient au tirage indiqué pour le 21 suivant, à deux heures, dans les anciens bureaux de la Compagnie.

« D'une seconde affiche, en date du 18 février 1853, invitant les actionnaires à venir toucher la somme de 7 fr. 50 c. *pour intérêts* de chaque action.

« Il consulte ensuite l'assemblée sur la question de savoir si elle considérait, comme ayant renoncé aux articles 16 et 35 des statuts, dont il a donné lecture, les actionnaires qui ont reçu 15 francs par action.

« L'assemblée a décidé, à l'unanimité, qu'elle ne considérait pas ces payements comme étant, de la part de ceux qui les avaient reçus, une renonciation aux articles 16 et 35 des statuts; qu'il n'y aurait en conséquence pour eux aucune déchéance, non-seulement pour le passé, mais encore pour l'avenir; et déclaré qu'elle entendait considérer la somme versée, soit par la Compagnie de l'Ouest, soit par toute autre Compagnie, comme à-compte sur ce qui est ou pourra être dû à chaque actionnaire, d'après les comptes qui seront ultérieurement établis, en conformité des statuts de la Société que ladite assemblée entend respecter. »

L'art. 16 des statuts, auquel les actionnaires déclarent ne pas avoir entendu renoncer, est ainsi conçu :

« Chaque action donne droit à la propriété de toutes les valeurs de la Société et aux bénéfices annuels, dans une proportion relative au nombre des actions émises. »

Quant à l'art. 35, il porte que le payement des dividendes se fait chaque année à Paris, au siége de la Société, après la réunion de l'assemblée générale dans laquelle a été approuvé le rapport de la Commission de comptabilité.

XLVII. — Cet acte d'indépendance auquel avaient pris part un grand nombre d'actionnaires dut inspirer une certaine inquiétude au conseil d'administration. Elle se manifesta dans une circulaire du 11 juillet, signée par M. de Sauville comme *administrateur délégué*.

Voici ce qu'on lit dans cette circulaire, à la suite de vives protestations contre la légalité de la réunion du 4 :

« Dans cette situation, le conseil croit devoir vous prévenir de nouveau, que l'assemblée convoquée pour le 19 juillet aura lieu régulièrement, au lieu indiqué, rue du Bac, n° 83. Le but de cette réunion est de soumettre aux actionnaires les propositions *de faire admettre les actions de la rive gauche dans la fusion qui se prépare entre les chemins de l'Ouest, Cherbourg, Rouen et le Havre*, ou au moins, de faire échanger les actions de la rive gauche contre des obligations des Compagnies fusionnées ; en un mot, d'échanger *un titre sur lequel on ne peut emprunter et dont la vente est difficile*, contre un titre ayant toute valeur.

« Cette proposition ayant été accueillie par la Compagnie de l'Ouest, le Conseil demande à l'assemblée les pouvoirs suffisants, pour opérer cette mutation aux meilleures conditions possibles. »

Ainsi c'est encore une révolution nouvelle qu'il s'agirait d'opérer dans la situation des actionnaires de la rive gauche, à la suite des trois traités successivement consentis par leurs administrateurs.

Pour cette fois du moins, MM. de Sauville et consorts ne se considèrent pas comme valablement autorisés par les pouvoirs consignés dans la délibération de 1844 ; ils veulent bien prendre la peine de faire connaître aux actionnaires les bases de la convention nouvelle, et leur demandent des pouvoirs suffisants pour la conclure.

Nous ne saurions avoir une opinion éclairée sur les avantages que pouvait présenter cette proposition annoncée si tard, et dont il n'a plus été parlé depuis ; car on n'indique ni pour quelle part les actions de la rive gauche devaient entrer dans la fusion projetée entre les quatre grandes Compagnies de chemins de fer, ni pour quelle somme les actions seraient échangées contre les obligations des Compagnies fusionnées.

Mais il nous semble résulter manifestement de la circulaire adressée aux actionnaires par l'administrateur délégué :

1° Que tout le monde considérait comme non avenue la convention
qui attribuait à chaque action de la rive gauche un intérêt ou dividende annuel de 15 francs, avec l'expectative de son remboursement
à une époque indéterminée sur le pied de 400 francs, puisque, dans la
pensée des administrateurs, cette convention n'était pas un obstacle à
ce qu'ils traitassent sur d'autres bases, au nom de leurs actionnaires ; et
que la Compagnie de l'Ouest elle-même se considérait comme si peu
liée par cette convention, qu'elle avait accueilli la nouvelle proposition qui lui était faite par le conseil d'administration de la rive
gauche ;

2° Que ces derniers ne préconisaient plus, comme ils l'avaient fait
jusqu'alors, l'étrange traité du 8 juillet 1852, puisqu'ils reconnais-
saient que, par l'effet de ce traité, les actionnaires n'avaient plus entre
leurs mains qu'*un titre sur lequel on ne pouvait emprunter, et dont
la vente était difficile.*

Plusieurs malheureux actionnaires avaient, en effet, tenté d'effectuer un emprunt, en offrant pour garantie leurs actions de la rive
gauche ; pressés par le besoin, ils n'avaient pu que les vendre à vil
prix.

La voilà donc appréciée par les administrateurs eux-mêmes, cette
convention désastreuse, par laquelle ils prétendaient avoir remplacé,
avec avantage pour les actionnaires, le traité du 21 novembre 1850,
qui leur attribuait, sans les faire contribuer aux dépenses d'exploitation et d'entretien, la moitié des tarifs sur les voyageurs et les marchandises parcourant tout ou partie de la ligne de Paris à Versailles !

XLVIII.—Le 11 juillet, les nouveaux administrateurs nommés dans
l'assemblée générale du 4 s'étaient transportés au siége de la Société,
assistés d'un huissier, pour s'y installer et prendre possession des papiers et registres. Deux des anciens administrateurs s'y opposèrent, et
ne permirent pas même à l'huissier de dresser, dans la salle du conseil, le procès-verbal de leur refus.

Cependant la circulaire de M. de Sauville convoquait, ainsi qu'on
l'a vu, l'assemblée générale pour le 19 juillet ; cette assemblée pouvait valablement délibérer, quel que fût le nombre des membres présents.

Certes, si le Conseil d'administration se flattait que ses actes obtien-

draient l'approbation de la majorité des intéressés, après la levée de
boucliers faite par les dissidents, il devait réunir, à son appel, tous
ceux sur le dévouement ou la complaisance desquels il croyait pouvoir
compter et prendre une éclatante revanche de sa défaite du 4 juillet.

C'est encore d'après un procès-verbal d'huissier que nous devons
rendre compte de ce qui s'est passé à l'assemblée générale du 19 juillet
1853.

L'huissier Taine, requis par les actionnaires élus à la séance du 4
comme administrateurs et commissaires de comptabilité du chemin de
fer de la rive gauche, s'exprime ainsi au début de son procès-verbal :

« Après avoir attendu jusqu'à quatre heures moins un quart, l'ancienne
admnistration, représentée par MM. Fiefvé de Sauville, Tharaud, Cousin,
de La Géronnière, Guernon de Ranville, de Sainte-Roze, de Baulmy ;

« M. Fiefvé de Sauville, l'un d'eux, membre de cette ancienne administration, siégeant comme président, déclare la séance ouverte : le nombre des
cartes présentées au contrôle étant alors de 455, pour 7,186 actions, propose
de nommer de suite, pour présider l'assemblée, M. Jenicheck, proposition
qui a été acceptée par acclamation.

« .... Le procès-verbal de l'assemblée générale du 4, ayant été lu par le
secrétaire, le président expose la situation de la Compagnie du chemin de fer
de Versailles (rive gauche); il signale une partie des griefs qui s'élèvent
contre l'ancienne administration, rappelle un projet de fusion, et donne des
détails relatés au procès-verbal de la séance du 4 juillet. — Il déclare que
la nouvelle administration se propose pour mission de contester ce qui a été
fait par les anciens directeurs.

« Cet exposé fait, M. de Sauville demande la parole qui lui est accordée
par M. le président. Il commence en contestant l'inexactitude des renseignements produits par M. Jenicheck : l'assemblée manifeste de suite son mécontentement sur les explications et les détails dans lesquels il paraît vouloir
entrer, et veut lui imposer silence. Alors le président consulte l'assemblée,
s'il faut ou non laisser continuer M. de Sauville.

« Un orateur se présente à la tribune et demande la parole, en qualité
d'ancien administrateur; l'assemblée lui demande son nom; il refuse de le
déclarer, malgré les invitations de M. le président et de M. le commissaire
de police présent à la réunion.

« M. le président propose à l'assemblée de décider si, oui ou non, l'orateur
sera entendu, malgré le refus de faire connaître son nom. A l'unanimité,
l'assemblée refuse de lui accorder la parole.

« Sur l'insistance de cet orateur, M. le président soumet de nouveau la
question à l'assemblée, qui, à l'unanimité, après épreuve et contre-épreuve,
décide de nouveau qu'il n'y a pas lieu de laisser parler l'orateur.

« Malgré l'expression énergique de cette volonté unanime, l'orateur s'ob-
stinant à garder la tribune, M. le commissaire de police a dû l'en faire des-
cendre par un sergent de ville.

« Nonobstant toutes ces circonstances, aucune protestation ne se manifeste, de la part de l'ancienne administration. »

XLIX. — Quel triste rôle joue dans cette circonstance le conseil d'administration du chemin de fer! Un de ses membres veut donner quelques explications sur les reproches adressés à ce conseil, l'assemblée accorde si peu de confiance à ses assertions, qu'elle refuse de l'entendre! Un autre veut prendre la parole, et il ne peut l'obtenir parce qu'il ne veut pas faire connaître son nom ; comme si un personnage qui leur est inconnu pouvait se prétendre le mandataire des actionnaires. Son obstination vraiment inexplicable nécessite son expulsion de la tribune par un agent de la force publique, sur l'ordre du commissaire de police, présent à la réunion.

D'autres faits qui ne peuvent laisser aucun doute sur les dispositions de l'assemblée à l'égard des anciens administrateurs sont constatés par le procès-verbal, dont nous citerons littéralement quelques passages, en nous abstenant de toute observation.

« Le président consulte l'assemblée et demande s'il y a lieu de délibérer et voter successivement sur chacune des questions qui ont été résolues par l'assemblée du 4 juillet dernier, ou si, au contraire, le procès-verbal dressé ledit jour, et dont il a été donné lecture à l'ouverture de la séance, doit être adopté tel qu'il a été rédigé.

« L'assemblée, après épreuve et contre-épreuve, décide à l'unanimité qu'il y a lieu à adopter les délibérations contenues audit procès-verbal, prises à la réunion du 4 juillet courant, ainsi que la rédaction du procès-verbal ;

« Qu'en conséquence, il n'y a pas lieu à présentation individuelle ni à une nouvelle nomination des administrateurs désignés en l'assemblée du 4 juillet, et ratifie leur élection, ainsi que toutes les allocations attachées à la nouvelle administration.

« Le président consulte l'assemblée s'il y a lieu de prendre possession immédiate des registres, des carnets et de la caisse de l'ancienne Société. L'assemblée décide l'affirmative à l'unanimité.

« M. le président propose de se faire représenter sur-le-champ les listes dressées par l'ancienne administration pour la réunion de ce jour, afin de vérifier les noms des actionnaires inscrits et le nombre d'actions représentées, et s'assurer de la sincérité desdites listes ; mais on annonce que tous les documents viennent d'être enlevés par les employés de l'ancienne administration. La proposition tombe donc ; mais il est fait toutes réserves contre qui de droit à cet égard.

« M. le président propose que les administrateurs nouvellement élus se transportent, accompagnés de M. le commissaire de police et d'un huissier, dans les bureaux de la Compagnie, pour prendre possession de la direction de l'administration, après avoir fait constater l'état actuel des choses.

« L'assemblée décide à l'unanimité, après épreuve et contre-épreuve, qu'il y a lieu de se transporter au siége de l'administration, à l'effet ci-dessus, mais en adjoignant à la nouvelle administration dix des plus forts actionnaires choisis par elle.

« Sur la proposition de M. le président, l'assemblée, avant de se dissoudre, vote, par acclamation, des remerciements à S. M. l'empereur, pour sa sollicitude aux intérêts des actionnaires de la Compagnie du chemin de fer de Paris à Versailles (rive gauche). »

L. — C'est pour la dernière fois que les anciens administrateurs se sont présentés à l'assemblée générale des actionnaires. L'étrange accueil qu'ils y avaient reçu semblait leur indiquer la ligne de conduite à suivre, savoir : une retraite en masse, dans le cas où ils n'auraient pas cru devoir reconnaître la légalité de leur destitution, et l'offre de rendre compte d'une gestion contre laquelle des reproches si graves étaient articulés.

Mais il est des hommes déterminés à se perpétuer au pouvoir, même lorsqu'ils ne peuvent l'exercer d'une manière régulière; il en est aussi qui attachent plus de prix à l'argent qu'à l'honneur, et ne renoncent à des fonctions lucratives, qu'au moment où il leur est absolument impossible de les conserver.

Rien n'est plus déplorable assurément que cette obstination de MM. de Sauville et consorts, d'agir comme mandataires des actionnaires, lorsque ceux-ci, réunis sur leur convocation en assemblée générale, venaient de déclarer, de la manière la plus solennelle, qu'ils avaient perdu leur confiance et faisaient choix de nouveaux administrateurs pour les remplacer.

Toutefois, ceux auxquels on pouvait justement reprocher d'avoir administré d'une manière désastreuse les intérêts qui leur étaient confiés, avaient des qualités qu'on ne saurait leur contester et avec lesquelles on réussit quelquefois : de l'habileté et de l'audace. Semer la division entre leurs nombreux adversaires était un moyen de les rendre moins dangereux; et ce moyen, ils pouvaient le tenter avec d'autant plus de chances de succès, que dans les affaires, comme en politique, il y a rarement unité de vues et d'intérêts chez ceux qu'une sorte de révolution appelle inopinément au pouvoir.

Ici surtout nous devons être sobre de détails, et nous ne ferons, en quelque sorte, qu'énoncer une série de faits et d'actes qui, comme on le démontrera plus tard, ne sauraient compromettre les intérêts et les droits des actionnaires.

Les nouveaux administrateurs avaient d'abord voulu prendre possession des registres et papiers de la Société, ainsi qu'ils y étaient autorisés par l'assemblée générale du 19 juillet; en conséquence, ils se rendirent au siége social, le 21 du même mois, avec dix des plus forts actionnaires, accompagnés du commissaire de police et d'un huissier; mais toutes les portes étaient fermées, et ils ne purent que constater, par un procès-verbal, l'impossibilité matérielle d'accomplir leur mission.

Il paraît que le sieur Jenicheck, que le Conseil d'administration nouvellement élu avait choisi pour son président, convoqua une assemblée générale des actionnaires pour le 10 mars 1854. Il s'était pourvu, à cet effet, auprès du préfet de police qui avait autorisé la réunion.

Mais les anciens administrateurs, qui avaient sans doute de graves motifs pour redouter une assemblée de ce genre, firent des démarches pour l'empêcher, et ils y réussirent; car le 9 mars, on afficha à la Bourse un avis ainsi conçu :

CHEMIN DE FER DE VERSAILLES (RIVE GAUCHE).

« Le directeur de la Compagnie a l'honneur de prévenir MM. les actionnaires que l'assemblée indiquée pour le 10 courant ayant été convoquée par M. Jenicheck, président du Conseil d'administration, sans l'autorisation de ce Conseil, cette réunion n'aura pas lieu, *par ordre supérieur*.

« Pour le Conseil d'administration,

« Le Directeur, *signé* LARMEROUX. »

Le signataire de cet avis était l'un des administrateurs élus dans l'assemblée générale du 4 juillet; ainsi l'on était déjà parvenu à semer la discorde au sein du nouveau Conseil d'administration, ce qui annonçait qu'on ne devait pas attendre de ce Conseil les mesures à la fois prudentes et énergiques qui pouvaient seules sauvegarder les droits des actionnaires.

Les chefs de l'administration ne pouvant tout voir par eux-mêmes, sont plus d'une fois obligés de s'en rapporter à des agents intermédiaires qui ne sont pas toujours à l'abri de toute influence; et c'est avec raison qu'on espère trouver plus de garanties auprès des magistrats, quand il s'agit de matières de leur compétence; mais cette dernière condition est indispensable; car ce n'est que dans le cercle de leurs attributions que les tribunaux peuvent exercer une autorité tutélaire.

Aussi ce fut sans succès que le tribunal de la Seine fut saisi, soit par le sieur Jenicheck lui-même, soit par quelques actionnaires, d'une demande tendant à faire ordonner la convocation d'une assemblée générale. Un jugement, sous la date du 23 août 1854, statua en ces termes :

— « Attendu que Jenicheck assigné, ainsi que Faure et consorts, par Piéton et autres, en sa qualité de président d'un Conseil d'administration du chemin de fer de Versailles (rive gauche), à fin de convocation d'une assemblée générale, a de son côté appelé en outre Sainte-Roze et consorts, pour voir déclarer commun avec eux le jugement à intervenir ; — attendu que Sainte-Roze et consorts représentent l'ancien Conseil d'administration de la rive gauche ; qu'en cette qualité ils ont procédé à la liquidation de la Société, et que cette liquidation a été l'objet de contestations dont les arbitres ont été déjà saisis ; — attendu que la demande actuelle, tant de Piéton et autres que de Jenicheck, qui toutes deux tendaient aux mêmes fins, a pour but, en contraignant Sainte-Roze et consorts à convoquer une assemblée générale d'actionnaires, de remettre en question la liquidation commencée par ces derniers ; que c'est là évidemment une question sociale du ressort de la juridiction arbitrale, aux termes de l'article 51 du Code de commerce, et que le tribunal ne peut en connaître. — Par ces motifs, se déclare incompétent, renvoie la cause et les parties devant les juges qui doivent en connaître. »

LI. — Nous avons dû intervertir l'ordre naturel des faits, afin de n'avoir pas à revenir sur les tentatives faites, à diverses époques, pour obtenir la convocation d'une assemblée générale.

Puisque, dans les motifs de son jugement, le tribunal parle de la liquidation de la Société, à laquelle il a été procédé par les anciens administrateurs, c'est le moment de signaler ici l'un des actes les plus audacieux qu'ils aient pu se permettre, dans le cours de leur gestion, et comme pour en former le digne couronnement.

Voici ce qu'on lit dans les petites affiches du VINGT-CINQ AVRIL 1854 :

« D'une délibération prise par MM. les membres composant le Conseil d'administration de la Compagnie du chemin de fer de Paris à Versailles (rive gauche), LE DEUX JUILLET 1853, portant cette mention, enregistré à Paris, LE DOUZE DÉCEMBRE 1853 ; ledit Conseil spécialement autorisé à cet effet, aux termes d'une délibération de l'assemblée générale des actionnaires de cette Compagnie, en date du 23 décembre 1844, enregistrée à Paris, le 12 décembre 1853, — il appert :

« Que la Société anonyme, connue sous le nom de *Compagnie du chemin de fer de Paris, Meudon, Sèvres et Versailles*, et constituée aux termes d'un acte reçu Fould et son collègue, notaires à Paris, en date du 14 et 19 août 1837, a été déclarée dissoute par ledit Conseil d'administration ; et ce, à partir du jour du dépôt au greffe du tribunal de commerce, et de la publication dans les journaux judiciaires d'un extrait de ladite délibération ;

« Qu'il a été décidé que ladite Société resterait en liquidation, jusqu'au

5

remboursement total des actions, et au règlement de tous comptes; et que : 1° M. Edmond *Durand de Sainte-Roze*, propriétaire, demeurant à Paris, rue de la Ferme-des-Mathurins, n° 58; — 2° M. Édouard *Cousin*, propriétaire, demeurant à Paris, rue de la Madeleine, n° 52; — et 3° M. Antoine Louis *Fiefuet de Sauville*, propriétaire, demeurant à Paris, rue Taranne, n° 46, ont été nommés liquidateurs;

« Que tous les pouvoirs qui étaient conférés au Conseil, par les statuts de la Société, ont été conférés aux liquidateurs, lesquels pourront agir, en cas d'empêchement de l'un d'eux;

« Pour extrait :   *Signé* PETITJEAN. »

Nous n'avons pas besoin d'invoquer le principe de droit, que les actes sous seings privés n'ont de date certaine à l'égard des tiers que du jour de l'enregistrement; car nous sommes convaincu, et tout le monde le sera ainsi que nous, après quelques mots d'explication, que la délibération dont l'extrait vient d'être cité, n'a été prise que bien postérieurement à la date qu'elle porte (2 juillet 1853) :

1° La dissolution d'une société est une mesure grave que des circonstances imprévues peuvent seules exiger, à laquelle on donne parfois un effet rétroactif, mais dont on ne suspend jamais l'effet jusqu'à une époque incertaine et plus ou moins éloignée.

Si une délibération prononçant la dissolution de la Société du chemin de fer de Versailles (rive gauche) eût été prise le 2 juillet 1853, on n'eût pas attendu jusqu'au 12 décembre, pour la faire enregistrer, et jusqu'au 23 avril 1854 pour en faire le dépôt au greffe et la publier par extrait dans les journaux judiciaires, en annonçant que la dissolution ne produirait son effet qu'à partir de l'accomplissement de ces dernières formalités.

2° La convocation de l'assemblée générale des actionnaires pour le 4 juillet, ensuite pour le 19 du même mois, ne permet pas de supposer qu'une délibération prononçant la dissolution de la Société eût été prise le 2, c'est-à-dire au moment où l'on recevait le dépôt des actions, pour admettre ceux qui en étaient porteurs à la réunion convoquée pour le surlendemain.

La circulaire adressée par M. de Sauville aux actionnaires le 14 juillet, dans laquelle il leur annonçait que le but de l'assemblée du 19 était de leur soumettre la proposition de faire admettre les actions de la rive gauche dans la fusion qui se préparait entre quatre grandes lignes de chemin de fer, n'est pas moins incompatible avec une dissolution de la Société antérieurement déclarée; car lorsqu'une société n'existe plus, on ne s'occupe pas de négociations qui auraient pour résultat de substituer de nouveaux titres à ceux dont ses membres se trouvent porteurs.

On s'explique d'ailleurs pourquoi il a paru indispensable d'antidater cette délibération.

Le 4 juillet avait eu lieu l'assemblée générale qui prononçait la destitution des administrateurs. Cette destitution avait été confirmée dans la séance du 19, où deux des membres du Conseil d'administration avaient figuré d'une manière si déplorable : il fallait dès lors que la délibération déclarant la Société dissoute *fût censée prise* antérieurement à la première de ces assemblées générales ; et on lui a donné la date du 2 juillet, comme on aurait pu lui en donner toute autre antérieure au 4 du même mois.

Ainsi, en fait comme en droit, la délibération des administrateurs n'a évidemment été prise qu'à une époque à peu près contemporaine de celle de son enregistrement.

Et si l'on peut considérer comme un abus l'usage fait, en 1853, d'une procuration donnée en 1844, dans des circonstances toutes spéciales, surtout lorsqu'il s'agit d'un acte aussi important qu'une dissolution de société ; cet abus devient un véritable scandale, en présence de l'opinion si énergiquement manifestée par l'unanimité des actionnaires (abstraction faite de la légalité ou de l'illégalité de leur réunion) sur la conduite de leurs administrateurs et de la destitution dont ils les avaient frappés.

Toutefois, un trait manque encore, pour faire ressortir tout ce que cet acte a d'audacieux et d'immoral. C'est parmi eux que les membres du conseil choisissent trois liquidateurs, comme pour perpétuer dans leur gestion des hommes que les actionnaires repoussent. Par cette complication d'attributions, l'établissement des comptes dus depuis si longtemps deviendra plus difficile ; et ces trois liquidateurs s'assurent une pension de retraite jusqu'à l'extinction de la dernière action.

LII. — Pour compléter la longue série d'actes et de faits dont nous venons de présenter une analyse fidèle, il ne nous reste plus qu'à dire quelques mots d'une sentence arbitrale qui se trouve déposée, depuis le mois de juin dernier, au greffe du tribunal de commerce, que personne ne s'est avisé de faire expédier et signifier, parce qu'elle donnerait lieu à un droit d'enregistrement considérable, et qu'on ne serait pas dédommagé de cette dépense, par les avantages qui résulteraient de la décision rendue par les arbitres.

Prévoyant que des actions sérieuses allaient être incessamment dirigées contre eux, pour leur demander compte de leur gestion et faire prononcer la nullité des conventions postérieures au traité du 21 novembre 1850, les anciens administrateurs, s'attribuant désormais le titre de liquidateurs, jugèrent prudent de prendre l'initiative; d'autant que la division existait déjà parmi les membres que l'assemblée du 4 juillet avait choisis pour les remplacer.

En conséquence, par un exploit du 6 septembre 1853, ils assignèrent en nomination d'arbitres le sieur Jenicheck et les huit actionnaires qui avaient été élus avec lui, comme membres du nouveau Conseil d'administration.

Était-ce en qualité d'administrateurs que M. Sainte-Rose et consorts les actionnaient? Non, sans doute; car ils se prétendaient eux-mêmes administrateurs, et n'auraient pas voulu reconnaître un tel titre dans la personne de leurs adversaires. D'ailleurs, une contestation qui aurait eu pour objet de décider quels étaient les véritables représentants de la Société, des anciens ou des nouveaux administrateurs, était de la compétence des tribunaux ordinaires, puisque les arbitres ne sont appelés à prononcer que lorsque les qualités sont respectivement fixées ou reconnues.

Pour faire cesser toutes les incertitudes sur ce point capital, il suffit de citer les termes d'un jugement rendu par le tribunal de commerce, en interprétation de son jugement du 20 octobre précédent, qui avait renvoyé les parties devant arbitres :

— « Attendu que dans l'instance primitive les défendeurs ont été assignés en *leur qualité d'actionnaires* de la Compagnie du chemin de fer de Paris à Versailles (rive gauche); que s'ils prétendent ne former qu'un être moral et indivisible, comme composant un conseil d'administration dudit chemin de fer, *outre que cette qualité leur est contestée*, elle ne résulte pas des faits de la cause, ainsi qu'il vient d'être dit; d'où il suit que cette prétention ne saurait être accueillie. — Attendu que de ce qui précède, il résulte que chacun des défendeurs avait le droit de se choisir un arbitre, droit que le tribunal, dans son jugement, a reconnu et consacré, en disposant que dans le cas de nomination de plusieurs arbitres, ces derniers n'auraient qu'une seule voix, lorsque les parties qui les auraient nommés auraient un même intérêt. »

Depuis, tout a été bizarre et, disons-le, étrangement précipité dans la marche de cet arbitrage.

Ainsi le sieur Jenicheck et plusieurs autres des défendeurs avaient interjeté appel du jugement qui renvoyait les parties devant des arbitres.

Le 25 novembre, le premier fait signifier aux nouveaux administrateurs, élus en même temps que lui, un acte extrajudiciaire dans lequel il leur impute d'avoir violé le mandat dont ils étaient investis.

— « En donnant à un avoué tous les pouvoirs nécessaires à l'effet de choisir un arbitre et de constituer un tribunal arbitral pour statuer sur des prétentions intéressant la Compagnie, que les prétendus coliquidateurs n'ont aucun pouvoir pour élever, et qu'ils se gardent bien, d'ailleurs, de faire connaître. »

En conséquence, le requérant les somme de révoquer lesdits pouvoirs, sous peine de tous dommages-intérêts.

Par exploit du 2 décembre suivant, les prétendus liquidateurs somment les défendeurs de se présenter le 5 du même mois devant les arbitres : mais il ne paraît pas qu'il ait été déféré à cette sommation.

Le 19 du même mois, le sieur Jenicheck et quatre de ses collègues du Conseil d'administration nommé par l'assemblée générale du 4 juillet, signifient une protestation énergique aux arbitres, dans laquelle ils récusent formellement l'un d'eux, et précisent divers faits d'une extrême gravité, notamment, que depuis plus de deux ans, M. de Sauville, successivement administrateur et liquidateur, ne possède aucune action du chemin de fer de Versailles; tandis que d'après les statuts nul ne peut être membre du Conseil d'administration, s'il ne possède cinquante actions qui doivent être indisponibles pendant toute la durée de ses fonctions.

Le 6 janvier 1854, MM. Durand de Sainte-Rose et consorts font signifier aux défendeurs la nomination d'un nouvel arbitre, à la place de celui qu'ils avaient d'abord choisi et qui a donné sa démission.

Cependant, le 27 mai 1854, il était intervenu un arrêt confirmatif du jugement qui avait constitué le tribunal arbitral. Ainsi disparaissait l'obstacle légal qui ne permettait pas aux arbitres de prononcer, tant que leur juridiction n'était pas définitivement reconnue ou sanctionnée.

Dans l'intervalle, plusieurs des défendeurs avaient révoqué leurs pouvoirs, et n'avaient pas voulu reconnaître la compétence ou la composition du tribunal arbitral; de telle sorte que par suite de la scission qui s'était opérée dans le nouveau Conseil, présidé par M. Jenicheck, des dix personnes assignées par les prétendus liquidateurs, deux ou trois seulement avaient accepté le débat devant les arbitres.

Quoi qu'il en soit, une sentence rendue au mois de juin, et qui résume sur une seule feuille de papier, au timbre de 55 centimes, les points de fait et de droit de cette affaire importante, a accueilli tous les chefs des conclusions de M. Sauville et consorts. Ainsi les arbitres déclarent illégales les assemblées générales des actionnaires, sous les dates des 4 et 19 juillet 1853, et annulent les délibérations qui y ont été prises.

Ils valident la dernière convention conclue entre la Compagnie de l'Ouest et le Conseil d'administration de la rive gauche, ainsi que la délibération de ce Conseil qui a prononcé la dissolution de la Société et nommé trois de ses membres comme liquidateurs.

Nous l'avons dit, cette sentence arbitrale, qui a déjà huit mois de date, n'existe qu'en minute non enregistrée au greffe du tribunal de commerce ; et l'on ne sait ce qui doit sembler le plus extraordinaire, ou de l'inaction des parties dont les arbitres ont accueilli toutes les conclusions, ou de la négligence de la régie à réclamer le droit et le double droit d'enregistrement depuis longtemps exigibles.

LIII. — Les malheureux actionnaires de la rive gauche ne pouvaient espérer de trouver des défenseurs de leurs droits, ni dans les anciens administrateurs qui s'obstinaient à conserver leurs fonctions, malgré la destitution qui les avait frappés, ni dans ceux que l'assemblée générale avait élus, au mois de juillet, pour les remplacer. Les premiers ne s'étaient que trop bien fait connaître par leurs œuvres ; quant aux seconds, ils n'avaient même pu se faire installer au siége de la Société ; et la désunion s'était presque aussitôt manifestée entre eux.

Cette fâcheuse expérience dut apprendre un peu tard aux actionnaires, qu'il y a toujours quelque danger à accepter l'intervention de ceux qui manifestent leur dévouement aux intérêts communs, pour se faire investir de fonctions plus ou moins lucratives ; qu'on n'a pas besoin d'administrateurs ou de commissaires salariés pour demander justice ; qu'il suffit de l'assistance de conseils intègres et éclairés ; que seulement lorsque les intéressés se trouvent en trop grand nombre, il est convenable qu'ils choisissent quelques-uns d'entre eux, pour les relations habituelles à entretenir avec leurs conseils.

C'est dans ce but, qu'une réunion nombreuse d'actionnaires de la rive gauche a eu lieu le 24 décembre dernier ; ce n'était pas une *assemblée générale*, dans les termes des statuts, exerçant une sorte de juridiction et prenant des décisions obligatoires pour la masse : mais une réunion de personnes ayant des intérêts identiques, voulant arriver au même but, et conservant la plénitude de leurs droits.

Le droit qu'aurait chaque actionnaire individuellement de se faire rendre compte par ceux qui ont été ses mandataires sous un titre quelconque, et de demander la nullité des actes par lesquels ses intérêts ont été compromis, ne saurait être contesté à des actionnaires au nombre de *six cent quarante*, représentant 10,543 actions, c'est-à-dire plus de la moitié du fonds social ; or, c'est un tel droit que les actionnaires présents à la réunion du 24 décembre et ceux qui y ont adhéré viennent conjointement exercer aujourd'hui.

DEUXIÈME PARTIE

QUESTIONS DE FAIT ET DE DROIT

QUE LES JUGES COMPÉTENTS AURONT A RÉSOUDRE

L'objet principal de ce Mémoire a été de présenter dans leur ensemble les actes et les faits propres à faire apprécier la conduite des administrateurs du chemin de fer de Versailles (rive gauche), et par suite de démontrer combien sont légitimes et bien fondées les plaintes des actionnaires.

L'étendue de cet écrit ne nous permet pas de donner aux divers chefs de demande qui constituent le procès les développements dont ils seraient susceptibles. Cette partie de la discussion sera complétée, lorsque les parties intéressées se trouveront en présence de leurs juges. D'ailleurs, nous n'avons pas oublié ce vieil adage du palais: *ex facto jus oritur;* et nous avons la conviction que les motifs de décision ne manquent jamais au magistrat, quand sa conscience est éclairée sur la légitimité de la cause qui lui est soumise.

Nous nous bornerons donc à présenter, sous des paragraphes distincts, quelques observations concises sur les divers chefs de demande que les actionnaires auront à formuler dans leurs conclusions.

§ Iᵉʳ. — Sur la fin de non-recevoir que l'on prétendrait tirer de la sentence arbitrale du mois de juin 1854.

Il s'agit ici d'un moyen préjudiciel, qui, s'il était fondé, élèverait une fin de non-recevoir péremptoire contre les principaux chefs de la demande : aussi la première question à examiner, c'est de savoir si l'on peut faire résulter l'exception de la chose jugée, de la décision arbitrale rendue en faveur de M. de Sauville et consorts.

La négative ne saurait présenter le moindre doute, soit en droit, soit en fait.

En droit, pour que l'autorité de la chose jugée ait lieu, l'art. 1351 du Code civil exige, entre autres conditions : *que la demande soit entre les mêmes parties* et formée par elles et contre elles en la même qualité.

En fait, les anciens administrateurs avaient appelé devant les arbitres dix personnes, au nombre desquelles deux ou trois seulement avaient consenti à accepter le débat. Leurs adversaires actuels sont au nombre de plus de *six cents*; on ne pourrait donc raisonnablement prétendre que la demande sur laquelle on aura à prononcer aujourd'hui soit entre les mêmes parties qui ont figuré dans l'instance arbitrale de 1854.

L'art. 1092 du Code de procédure dispose en ces termes : « Les jugements arbitraux ne pourront, en aucun cas, être opposés à des tiers. »

Il y a là autre chose qu'une simple application du principe consacré par l'art. 1351 du Code civil.

En effet, quoique les jugements émanés des tribunaux ordinaires n'aient l'autorité de la chose jugée qu'à l'égard des parties qui y figurent, il peut arriver cependant, à cause de la plénitude de juridiction dont ces tribunaux se trouvent investis, que leurs décisions préjudicient aux droits des tiers; et alors une voie particulière leur est ouverte pour en faire prononcer la rétractation ou la modification, en ce qui les concerne. Cette voie est celle de la tierce opposition (art. 474 du Code de procédure).

Le législateur n'a pas voulu qu'il en fût ainsi à l'égard des arbitres, qui ne sont, en réalité, que des juges de circonstance, n'ayant d'autres pouvoirs que ceux dont ils se trouvent investis par les parties qui les ont nommés, et d'autres justiciables que ces parties elles-mêmes : aussi a-t-il voulu qu'*en aucun cas* leurs jugements ne pussent préjudicier aux tiers ; de sorte que ces derniers n'ont jamais à les attaquer par la voie de la tierce opposition.

Prétendrait-on que si les demandeurs actuels ne figuraient pas personnellement dans l'instance arbitrale terminée en 1854, ils y étaient représentés par MM. Jenicheck et autres, en leur qualité d'administrateurs de la Compagnie de la rive gauche?

Une telle objection aurait quelque chose d'étrange, dans la bouche de MM. de Sauville et consorts, qui se disaient les seuls représentants légaux de la Société, d'abord comme membres du Conseil d'administration, ensuite comme liquidateurs ; car deux Conseils d'administration ne sauraient exister simultanément dans une société quelconque.

Du reste, les liquidateurs, anciens membres du Conseil d'administration, avaient assigné MM. Jenicheck et consorts *comme actionnaires et comme se prétendant administrateurs*, ce qui était de leur part la négation de cette dernière qualité.

Enfin les arbitres eux-mêmes avaient jugé qu'une telle qualité ne pouvait leur appartenir, en annulant les délibérations de l'assemblée générale qui la leur avait conférée.

Rappelons, en terminant, le jugement du tribunal de commerce, dont nous avons rapporté les termes à la page 70 de ce Mémoire, et qui a jugé, de la manière la plus formelle, que les parties défenderesses, dans l'instance arbitrale, n'y figurent que comme *simples actionnaires*.

C'en est assez pour établir que, sous aucun rapport, ni en fait ni en droit, on ne peut exciper contre les divers chefs de demande des actionnaires, de la décision intervenue dans un arbitrage auquel ils sont restés complétement étrangers.

§ II. Sur les comptes à rendre par les anciens administrateurs.

S'il s'agissait d'une Société ayant toujours fonctionné d'une manière régulière, et dans laquelle le directeur et le Conseil d'administration auraient rendu annuellement les comptes de leur gestion, conformément aux statuts, et en auraient successivement obtenu l'approbation par l'assemblée générale, on pourrait trouver quelque chose d'insolite et d'exorbitant dans la prétention de les soumettre à une nouvelle reddition des comptes embrassant toute la durée de leur administration.

Mais l'exposé fidèle des faits que nous avons présentés prouve qu'il n'en a jamais été ainsi ; et comme c'est un point capital au procès, il convient d'en résumer les preuves résultant de pièces irrécusables et de l'aveu des administrateurs eux-mêmes.

Ainsi, dans leur rapport du 10 février 1844, ils reconnaissent que leurs comptes n'avaient pas été jusqu'alors établis tels qu'ils devaient l'être réellement.

Dans celui du 29 décembre de la même année, ils annoncent que le travail de rectification des précédents comptes n'étant pas terminé, ils se bornent à présenter *un bilan* aussi complet que possible.

Nous n'avons pas sous les yeux les rapports faits à l'assemblée générale, dans quelques-unes des années suivantes ; mais dans celui du 1er mars 1850, le Conseil d'administration déclare que des difficultés qui se sont élevées entre lui et la Commission de comptabilité ne lui permettent pas de demander, quant à présent, l'approbation des comptes antérieurs, ainsi que de ceux de l'année dernière, qui devront être soumis à une nouvelle Commission.

Quant au rapport du 9 juillet 1851, dans lequel les administrateurs annonçaient rendre leur compte de gestion jusqu'au 1er avril 1850, date de la prise de possession du chemin de fer par la Compagnie fermière, on sait qu'il ne fut suivi d'aucune délibération approbative des comptes, à cause du désordre qu'occasionna dans l'assemblée l'introduction d'une masse de faux actionnaires.

Le dernier rapport fait par les administrateurs eut lieu à l'assemblée générale du 8 juillet 1852 ; il paraît qu'à la suite de ce rapport, l'assemblée générale approuva les comptes rendus *jusqu'au* 1er *avril* 1850 : mais il convient de remarquer à ce sujet : 1° que rien ne constate, dans le procès-verbal, que les actionnaires fussent en nombre suffisant pour prendre une délibération valable ; 2° que des faits graves se passèrent au sein de cette assemblée et motivèrent la protesta tion signifiée le lendemain, au nom d'un grand nombre d'actionnaires qui avaient refusé de prendre part au vote ; 3° enfin qu'il était dû, même depuis le 1er avril 1850, un compte des sommes payées soit par la Société fermière, soit par la Compagnie de l'Ouest, et qui, n'ayant pas été réparties aux actionnaires, avaient dû être reçues par le Conseil d'administration.

Chacun sait d'ailleurs avec quelle facilité des hommes habiles, placés à la tête d'une exploitation importante, font approuver par une assemblée d'actionnaires des comptes présentés sans détail, même en l'absence de toutes pièces justificatives. L'examen qu'a pu en faire une Commission presque toujours composée de personnes peu familiarisées avec la comptabilité n'offre pas beaucoup plus de garanties de l'exactitude et de la régularité de ces comptes, surtout lorsque, comme à l'égard de la dernière Commission de comptabilité nommée par les actionnaires, les administrateurs refusent de lui communiquer certains registres et autres documents qui pourraient les éclairer.

Les hommes honorables qui seront appelés à prononcer dans cette affaire verront, d'un côté, des administrateurs dont la conduite est de nature à inspirer les soupçons les plus fâcheux ; d'un autre côté, de petits rentiers, des artisans, des ouvriers qui, ayant placé leurs modestes économies dans une opération industrielle, après avoir été privés de tout intérêt ou dividende pendant un grand nombre d'années, sont menacés de perdre une partie de leur capital. Dans une situation semblable, des juges ou des arbitres penseront sans doute que c'est un devoir pour eux, de s'assurer qu'il n'y a eu ni dissimulation de recettes, ni accroissement de dépenses ; et que si les malheureux actionnaires éprouvent en résultat une perte plus ou moins cousidérable, c'est parce que l'opération était mauvaise par elle-même, non parce qu'ils ont été spoliés par ceux-là mêmes auxquels ils avaient donné leur confiance [1].

Il existait d'ailleurs des terrains et des constructions d'une certaine importance dépendant du chemin de fer de la rive gauche, et dont il n'a été rendu aucun compte. S'ils existent encore en nature, ils font partie de l'actif social qui, d'après les statuts, est incontestablement la propriété des actionnaires. S'ils ont été vendus, les administrateurs doivent leur en restituer le prix avec les intérêts.

C'est un compte sérieux qu'ont à demander les actionnaires, et que les administrateurs doivent eux-mêmes désirer, si leur gestion a été loyale, comme ils l'ont emphatiquement déclaré dans plusieurs circonstances, et s'ils ont à cœur de se justifier des soupçons qui planent sur eux.

Un travail de cette importance doit être confié à des experts en comptabilité, qui ne se laissent pas tromper par des chiffres menteurs combinés avec plus ou moins d'adresse. Il ne faut pas que les administrateurs puissent leur refuser, comme à la Commission de cinq membres, récemment nommée par l'assemblée générale des actionnaires, la communication de certains registres et documents dans lesquels les experts croiront pouvoir trouver des renseignements utiles. Ce n'est pas leur affaire personnelle, mais celle des actionnaires, que MM. de Sauville et consorts étaient chargés d'administrer; conséquemment, il ne doit rien y avoir de mystérieux ou de secret dans les actes qu'ils ont faits en cette qualité. Ce ne sont plus que des mandataires dont la tâche se trouve désormais achevée, soit d'après la volonté si énergiquement manifestée par les mandants, soit par la force même

---

[1] Certaines dépositions reçues par M. Fressinaud, ancien juge d'instruction, sur la plainte portée contre les administrateurs en 1851, peuvent donner une fâcheuse idée sur la manière dont ils tenaient leurs écritures et établissaient leurs comptes.

« De l'examen approfondi des comptes rendus par l'administration de la rive gauche (dit l'un des témoins) est résultée pour moi la conviction que ces comptes ne contiennent pas seulement des erreurs matérielles, mais encore certaines combinaisons, à l'aide desquelles on est parvenu à présenter aux actionnaires une situation complétement fausse, sous une apparence de régularité. »

D'après ce témoin, pour couvrir un déficit de 228,101 fr. 01 c. qui ressort du rapprochement de plusieurs comptes successifs, on n'aurait porté le total des recettes, depuis 1840, qu'à 915,888 fr. 87 c., tandis qu'il serait en réalité de 1,208,213 fr. 75 c.

des choses. Conséquemment, ils ne peuvent obtenir une décharge valable, qu'après la vérification et l'apurement de leur longue gestion.

En pareille matière, aucune fin de non-recevoir ne saurait être admise. Les erreurs, omissions, faux ou doubles emplois, sont toujours réparables dans des comptes, lors même qu'ils auraient été approuvés et rendus en justice.

Or, il faut que des comptes soient établis avec détail, article par article, non par masses, comme ceux que les administrateurs présentaient aux assemblées générales, pour s'assurer qu'il n'y a pas d'erreurs ou d'omissions à réparer. L'établissement d'un compte général est donc tout à la fois un moyen de répandre la lumière sur les actes d'une administration dont les résultats ont été si déplorables, et d'assurer aux actionnaires de la rive gauche l'exercice d'un droit qui ne saurait leur être contesté.

Rappelons, en terminant, que les anciens administrateurs de la rive gauche auraient d'autant plus mauvaise grâce à contester ce chef de demande que, dans leur rapport du 4 décembre 1848, ils ont reconnu en principe, que, lorsqu'il y avait utilité (et elle existe évidemment, puisqu'il s'agit d'une administration prolongée et justement suspecte), il pouvait y avoir lieu, si telle était l'intention des parties intéressées, à vérifier la comptabilité, dans son ensemble et dans ses détails.

§ III. — Restitution par les anciens administrateurs et par la Compagnie de l'Ouest des obligations de 3,700,000 fr. ou de leur produit, dont il a été abusivement disposé.

Les explications que nous avons données à ce sujet dans l'exposé des faits, nous dispensent d'entrer dans de longs détails; d'autant que l'étendue de ce Mémoire nous impose le devoir d'éviter des répétitions inutiles.

La question se présente d'ailleurs ici, dégagée de toutes exceptions et fins de non-recevoir.

En effet, quelque élasticité que l'on veuille donner aux pouvoirs qu'ils s'étaient fait conférer, par la délibération du 23 décembre 1844, les anciens administrateurs ne sauraient prétendre qu'ils étaient autorisés à disposer, en faveur de qui que ce soit, à titre de forfait ou de transaction, du montant d'obligations qu'ils avaient fait souscrire par la Société, afin de la libérer de sa dette envers l'État.

Ils ne seraient pas mieux fondés à exciper de l'approbation qu'aurait donnée l'assemblée générale des actionnaires à l'emploi abusif d'un capital aussi important; d'autant, qu'ainsi que nous l'avons fait remarquer, dans les rapports successifs où ils avaient eu à parler de cette opération, les administrateurs s'étaient exprimés toujours dans des termes contradictoires ou complétement inintelligibles.

Ce qui a été dit de plus clair à ce sujet, se trouve dans le rapport fait à la Compagnie de l'Ouest, et dont nous avons cité un extrait à la page 46 de ce Mémoire.

Après avoir décidé, dans leur omnipotence, que la Compagnie de la rive gauche n'avait aucun intérêt à se libérer envers l'État, les administrateurs leur annonçaient que le montant des obligations serait abandonné aux concessionnaires de la ligne de l'Ouest, savoir, *jusqu'à concurrence de deux millions*, pour prix des travaux qu'elle avait fait exécuter, sur le chemin de fer de Paris à Versailles, à la décharge de la rive gauche; et pour le surplus, afin qu'ils traitassent à forfait avec la Compagnie fermière, de l'indemnité à laquelle elle pouvait prétendre, par suite de la résiliation de son traité.

Les administrateurs avaient dit dans un de leurs rapports : « Que les obligations souscrites par la Compagnie de la rive gauche ne représentaient en réalité qu'un capital en numéraire de trois millions, parce que les 700,000 francs d'excédant étaient pour commission de prêt et différence d'intérêt. »

En admettant cette explication qui peut ne pas être complétement exacte, l'indemnité de la Compagnie fermière (si tant est qu'elle eût droit à une indemnité) ne devait pas dépasser la somme d'un million qui restait libre, après le payement des travaux évalués à deux millions.

Mais si ces deux millions n'étaient pas dus; si, comme nous l'avons démontré, les travaux à exécuter étaient une charge imposée à la Compagnie de l'Ouest elle-même, d'après le traité approuvé par le Gouvernement, et dont l'acceptation était une des conditions de la concession faite à cette Compagnie, on arriverait nécessairement à cette conséquence, que les deux millions ne recevant pas la destination aussi mensongèrement indiquée, devaient retourner aux actionnaires de la rive gauche.

Hâtons-nous de le dire : il n'en a pas été ainsi. Comme nous l'apprend le rapport fait à l'assemblée générale des actionnaires de l'Ouest, sur le montant des obligations, 700,000 francs seulement ont été appliqués, dans l'intérêt de la rive gauche, à éteindre, jusqu'à due concurrence des engagements hypothécaires. *Tout le surplus* (c'est-à-dire trois millions ou 2,300,000 francs, si l'on admet, comme les administrateurs l'allèguent, l'absorption des 700,000 francs complétant le chiffre des obligations, en commissions et différence d'intérêts) *a été abandonné à la Compagnie fermière, dont l'indemnité ne devait pas dépasser un million*, d'après l'opinion des administrateurs eux-mêmes. Nous cherchons vainement à expliquer une telle générosité aux dépens des malheureux actionnaires ; et jusqu'à ce que le jour se fasse sur une opération aussi ténébreuse, nous sommes disposé à excuser ceux qui en sont les victimes d'avoir supposé que la Compagnie fermière n'avait pas profité seule de cette large indemnité.

Rappellerons-nous les circonstances accessoires qui se rattachent au fait principal ? ... Oui, sans doute, car la conviction doit être ici certaine pour tous.

L'on sait quels étaient les deux membres gérants de cette Compagnie fermière, qui s'était longtemps cachée sous le nom inconnu, peut-être même chimérique, de Bertodano.

C'était d'abord M. Tharaud, qui était alors et qui est redevenu depuis membre du Conseil d'administration, et qui, à ce titre, ne pouvait stipuler loyalement dans son intérêt personnel, en opposition avec celui de la Compagnie.

C'était ensuite le sieur Stokes, qui a traité plus tard, comme l'un des demandeurs en concession, de la ligne de l'Ouest, au nom desquels il a presque toujours agi depuis.

Y avait-il lieu d'accorder une indemnité quelconque à celui qui, n'ayant d'abord qu'un traité limité quant à sa durée, l'a remplacé par un traité définitif, pour toute la durée de la concession qu'il a obtenue du Gouvernement ? On conçoit l'allocation d'une indemnité, en faveur de celui dont on a rompu le traité, pour le consentir à un autre : mais il ne saurait en être ainsi, lorsque les deux traités successifs ont été faits avec la même personne.

A son égard, il ne pourrait y avoir lieu à une indemnité, qui, si elle justifiait de dépenses qui ne lui ont pas profité, et qu'elle aurait été pourtant obligée de faire, pour la mise à exécution du traité résilié par la volonté de ceux avec lesquels ce traité avait été conclu :

Et comme aucune justification n'a été faite, au sujet des sommes dont la Compagnie fermière se serait mis à découvert, pour l'exploitation de son bail ; qu'il est certain, au contraire, que les produits du chemin de fer, par elle perçus, dans l'intervalle du 1er avril 1850 au mois d'août 1851, dépassaient de beaucoup le montant des dividendes qu'elle a payés aux actionnaires ; on est autorisé à conclure que, n'ayant éprouvé aucun préjudice pendant que le bail a reçu son exécution, elle ne saurait raisonnablement prétendre à une indemnité.

Cette indemnité lui serait-elle due plus légitimement, en considération des avantages qu'elle devait recueillir plus tard, et dont elle se trouvait privée par la résiliation de son bail ?

Deux motifs justifient la solution négative de cette question :

Le premier, c'est que les prétendus bénéfices espérés dans l'avenir étaient d'autant moins probables, que le dividende annuel attribué à chaque action, fixé, dès le début à 8 francs, devait être progressivement augmenté jusqu'à 14 francs.

Le second (et celui-ci surtout est décisif), c'est que le nouveau traité consenti à M. Stokes, en faveur duquel avait eu lieu aussi le bail temporaire, lui assurait l'exploitation du chemin de fer de Versailles, non pas seulement pour quarante-sept années, qui pouvaient être réduites à neuf, dans certains cas prévus par le bail, mais pour quatre-vingt-dix-neuf années, c'est-à-dire pendant toute la durée de la concession de la ligne de l'Ouest ; de telle sorte que, par la résiliation du bail, il échangeait, à son grand avantage, une exploitation temporaire, contre une jouissance qui avait la durée de la propriété elle-même.

C'en est assez pour démontrer qu'à aucun titre il ne pouvait être alloué d'indemnité, soit pour de prétendus travaux qui auraient été exécutés sur le chemin de fer à la décharge des concessionnaires de la rive gauche, soit pour réparation d'un dommage qu'aurait éprouvé la Compagnie fermière ; que, conséquemment, les administrateurs et la Compagnie de l'Ouest n'ont pu, sous un tel prétexte, rien distraire du montant des obligations de 3,700,000 francs.

§ IV. — Les administrateurs ont-ils pu substituer au traité du 21 novembre 1850, proposé par l'État, accepté par la Compagnie de l'Ouest, comme l'une des conditions de la concession qui lui était faite, la convention du 8 juillet 1852, qui change les parts d'actions dans l'exploitation du chemin, en un simple titre de créance remboursable par la voie du sort ?

Cette question, la plus importante de toutes, doit être discutée sous trois points de vue différents : 1° Relativement aux pouvoirs dont les administrateurs ont prétendu faire un usage légitime, en souscrivant la nouvelle convention ; 2° relativement au caractère particulier du traité qui avait fixé d'une manière définitive la position des actionnaires de la rive gauche ; 3° enfin, sous le double rapport de l'approbation et de l'exécution de la convention aujourd'hui attaquée.

I. — Nous ne contestons pas l'étendue des pouvoirs si légèrement accordés au Conseil d'administration par l'assemblée générale du 23 décembre 1844 ; et si quelque chose peut, jusqu'à un certain point, excuser, soit l'assurance avec laquelle ils ont été demandés, soit l'imprudence avec laquelle ils ont été consentis, c'est la situation difficile où se trouvait alors la Compagnie de la rive gauche, et l'urgence qu'il y avait à prendre un parti qui sauvegardât les intérêts communs.

Assurément, il ne pouvait entrer dans la pensée de personne que les actionnaires, en confiant de tels pouvoirs, se livraient indéfiniment à la merci de leurs administrateurs ; et qu'après un intervalle de 6, 8, 10 ans, ceux-ci pouvaient disposer à leur gré de la jouissance et même de la propriété d'un chemin de fer construit avec les capitaux des actionnaires. C'est cependant ce qu'il faudrait supposer, pour reconnaître cette sorte d'omnipotence illimitée dans son étendue comme dans sa durée que les administrateurs prétendent s'attribuer.

Quoi qu'il en soit, posons quelques principes sur la matière, pour en tirer des déductions logiques que nul ne pourrait raisonnablement contester.

Le mandat est un contrat que le droit romain appelait *contrat de bienfaisance*, parce qu'il suppose un dévouement éclairé de la part de celui qui accepte un mandat essentiellement gratuit de sa nature ; et de la part de celui qui le confère, une confiance absolue dans la personne à laquelle il confie la gestion de ses intérêts.

Ce n'est donc pas à un inconnu, mais à une personne dont on a pu apprécier le zèle et la moralité qu'un mandat est donné ; et s'il ne doit pas y avoir incertitude sur l'objet de ce contrat, il ne doit pas y en avoir davantage, au sujet du mandataire dont on a fait choix.

Cela posé, demandons-nous à qui ont été donnés les pouvoirs si étendus consignés dans la délibération du 23 décembre. C'est *aux membres qui composaient alors le Conseil d'administration*, et qu'à tort ou à raison, l'on considérait comme présentant toutes les garanties qu'on peut exiger, en pareille circonstance, non aux Conseils d'administration qui existaient en 1850 ou 1852 et dont la composition ne pouvait être alors connue des actionnaires.

D'après l'art. 18 des statuts, le Conseil d'administration de la rive gauche devait se renouveler, par tiers, d'année en année. A la vérité, les

6

membres sortants pouvaient être réélus : mais plusieurs ne l'ont pas été ; dans l'intervalle, un grand nombre avaient d'ailleurs donné leur démission ; de sorte que le Conseil d'administration qui a souscrit le traité de 1852 n'était plus celui que l'assemblée de 1844 avait choisi pour son mandataire ; et conséquemment il ne pouvait agir, en vertu de pouvoirs qui ne lui avaient pas été donnés.

On ne pourrait soutenir une opinion contraire, sans poser cette thèse vraiment absurde, que les pouvoirs extraordinaires dont un Conseil d'administration a été investi, dans certaines circonstances spéciales, sont transmis de plein droit aux divers Conseils qui lui succèdent, comme le simple pouvoir d'administrer qui est leur attribution légale ; de telle sorte que le corps moral qui constitue la Société se trouverait à jamais dépouillé des droits inhérents à la propriété, parce qu'il en aurait une première fois délégué l'exercice à ses administrateurs.

Sous ce premier rapport, le Conseil d'administration qui a souscrit la dernière convention avec le sieur Stokes a agi sans pouvoirs, et n'a pu dès lors obliger légalement les actionnaires, quand il s'agissait de l'aliénation de leur propriété, non d'un acte d'administration.

Nous arrivons à la même conséquence, en appréciant, sous un autre point de vue, la situation respective des parties, et en admettant hypothétiquement que le Conseil d'administration qui a fait usage des pouvoirs fut le même auquel ils avaient été conférés.

Le mandat est un contrat qui prend fin lorsque l'opération pour laquelle il a été donné est elle-même terminée.

La délibération du 23 décembre 1844 conférait au Conseil d'administration les pouvoirs les plus étendus, à l'effet de traiter avec tous les concessionnaires de la ligne de l'Ouest, soit de la vente de l'actif de la Société, soit de son apport dans toutes autres Sociétés, aux meilleures conditions qu'il pourra obtenir.

Les administrateurs avaient, jusqu'à un certain point, accompli ce mandat, en traitant avec la Compagnie fermière ; puisque, d'après ce traité, le chemin de la rive gauche devait être terminé ; que ses dettes devaient être payées ; que pendant les 47 années que durerait l'exploitation de la Compagnie chaque action devait recevoir un dividende fixe, avec accroissement progressif ; et qu'à l'expiration du bail, les actionnaires rentreraient dans la jouissance du chemin de fer, avec son matériel, franc, quitte et libéré de toutes dettes et charges quelconques.

Mais, dans tous les cas, il y avait accomplissement complet du mandat, par le traité du 21 novembre 1850, qui fixait d'une manière définitive la situation des actionnaires, en leur attribuant, pour toute la durée de la concession, la moitié des produits du chemin de fer, tous les frais d'entretien et d'exploitation restant à la charge de la Compagnie de l'Ouest.

Les administrateurs avaient ainsi amplement usé des pouvoirs extraordinaires qui leur avaient été conférés; ils n'avaient plus qu'à rentrer dans l'exercice de leurs fonctions légales, c'est-à-dire, à veiller aux intérêts de leur Société, en assurant l'exécution d'un traité qui associait les actionnaires à toutes les chances avantageuses d'une grande ligne de circulation à laquelle leur chemin de fer se trouvait lié.

Qui oserait prétendre que dans une situation semblable, le Conseil d'administration eut le pouvoir de rompre un traité avantageux aux actionnaires, et que dans tous les cas ils considéraient comme tel, pour lui en substituer un autre, qui les rend désormais étrangers à une entreprise dans laquelle ils avaient voulu placer leurs fonds, et les réduit à la triste condition de capitalistes, ayant fait malgré eux un mauvais placement?

Dans un tel système, rien ne les empêcherait de remplacer la convention du 8 juillet 1851 par une convention plus désavantageuse encore; et en continuant à agir, d'après les pouvoirs contenus dans la délibération de 1844, il dépendrait ainsi des administrateurs, *à une époque quelconque*, de sacrifier complétement les intérêts qu'ils étaient chargés de protéger.

Nous le disons, avec le sentiment d'une conviction bien profonde, il ne saurait en être ainsi. Un mandat quel qu'il soit est, de la part de ceux qui le donnent, une délégation momentanée de l'exercice de leurs droits, non une renonciation définitive à ces mêmes droits, surtout lorsqu'il s'agit de la propriété. Le mandataire qui représentait son mandant lorsqu'il a traité en son nom, cesse de le représenter, quand le traité a été conclu. Celui-là seul peut l'annuler ou le modifier, dans l'intérêt duquel il a été conclu. Il reprend le libre exercice d'un droit que le mandat par lui consenti n'avait fait que suspendre.

Disons en terminant, que notre opinion est conforme à celle que manifestait à une époque récente le membre délégué du Conseil d'administration.

En effet, dans sa circulaire où il parlait d'un projet de fusion avec quatre grandes Compagnies de chemin de fer, et indiquait l'assemblée générale pour le 19 juillet 1853, M. de Sauville s'exprimait ainsi:

« Cette proposition ayant été accueillie par la Compagnie de l'Ouest, *le Conseil demandera à l'assemblée des pouvoirs suffisants*, pour opérer cette mutation, aux meilleures conditions possibles. »

En résumé, les signataires de la convention du 8 juillet 1852 ont agi sans pouvoirs, sous ce double rapport que ce n'est pas à eux, mais aux membres composant le Conseil d'administration en 1844 qu'avaient été conférées les autorisations énoncées dans la délibération du 23 décembre de la même année; et que dans tous les cas, le mandat donné à cette époque aux administrateurs se trouvait définitivement accompli, d'abord par le traité temporaire, pour la jouissance du chemin de fer de la rive gauche pendant 47 ans, ensuite, par le traité définitif du 21 novembre 1850.

II. — Nous avons dit que la convention du 8 juillet 1852 était nulle, comme ayant anéanti, sous le prétexte de le modifier, le traité proposé et sanctionné par le gouvernement, comme l'une des conditions sous lesquelles avait eu lieu la concession du chemin de fer à MM. Stokes et Compagnie.

On conçoit qu'une convention *purement privée* puisse toujours être modifiée ou même annulée, par le consentement respectif des parties qui l'ont souscrite.

Mais on ne saurait attribuer un tel caractère au traité du 21 novembre 1850.

D'un côté, il s'agissait d'une société anonyme, placée en quelque sorte sous la tutelle du gouvernement, qui a le droit de surveillance et d'intervention dans les actes qui peuvent dénaturer ses statuts ou compromettre même son existence.

D'un autre côté, il s'agissait de la concession d'un chemin de fer qui est une entreprise d'utilité publique. Un problème important était d'abord à résoudre, relativement au point de départ et d'arrivée de la ligne de l'Ouest dans la capitale, soit par la rive droite ou la rive gauche, soit par les deux rives concurremment. Enfin, c'était un devoir pour l'État de concilier les droits précédemment acquis à la Compagnie de Paris à Versailles, rive gauche, avec les droits accordés aux concessionnaires du chemin de fer de l'Ouest, en même temps que d'assurer à ces derniers l'exploitation exclusive de cette partie de la ligne, pendant toute la durée de leur concession.

En fait, ce devoir a été religieusement rempli par l'État, à la grande satisfaction des actionnaires de la rive gauche, jusqu'alors si malheureux.

M. le ministre des travaux publics a pris l'initiative, en annonçant à M. Stokes et consorts que la concession du chemin de fer de l'Ouest ne leur serait faite que lorsqu'ils auraient conclu avec la rive gauche un traité dont il avait lui-même posé les bases.

Ce traité, après sa rédaction, fut soumis à l'approbation du ministre qui, dans une lettre que nous avons sous les yeux, a annoncé depuis n'avoir approuvé aucune autre convention dérogatoire au traité du 21 novembre 1850.

Comme pour lui imprimer le caractère d'une transaction définitive et invariable, ce traité est devenu l'une des pièces officielles formant une annexe de la loi de concession, et l'une des bases de l'acte authentique qui a constitué la Société du chemin de fer de l'Ouest.

Ainsi, il a été revêtu des signatures du président et des secrétaires de l'Assemblée nationale; et il figure avec ces signatures au *Bulletin des Lois*, n° 390, page 593.

Dans l'exposé des faits nous avons cité l'article 2 de la loi de concession du chemin de fer de l'Ouest, portant que :

— « Les concessionnaires seront chargés de l'exploitation du chemin de fer de Paris à Versailles (rive gauche), *en exécution du traité intervenu entre eux et la Compagnie concessionnaire de ce chemin, le 21 novembre 1850 ;* et conformément aux clauses et conditions du cahier des charges ci-annexé. »

L'article 1er de la loi n'autorise lui-même la concession par le ministre des travaux publics, qu'*aux clauses et conditions du cahier des charges.*

Or, nous avons cité textuellement à la page 24 de ce Mémoire, l'article 52 du cahier des charges par lequel la Compagnie du chemin de fer de l'Ouest s'oblige à exploiter le chemin de fer de Paris à Versailles, pendant *la durée de la concession de cette dernière ligne,* conformément au traité intervenu entre les deux Compagnies, le 21 novembre 1850.

Mais il importe de fixer particulièrement son attention sur le deuxième alinéa du même article, ainsi conçu :

— « A l'expiration de la concession du chemin de fer de Versailles (rive gauche) et pendant tout le temps que durera encore la concession du chemin de fer de l'Ouest, la Compagnie concessionnaire *continuera à exploiter, de la même manière et aux mêmes conditions,* le chemin de fer de Paris à Versailles (rive gauche), en payant à l'État, qui sera alors en possession de ce chemin, *les mêmes redevances qu'elle payait* à la Compagnie de Versailles. »

Il résulte de cette stipulation, que le traité du 21 novembre 1850, qui devait être exécuté dans l'intérêt des actionnaires de la rive gauche, tant que durerait leur concession, continuerait à être obligatoire envers l'État, quand il serait entré dans la propriété du chemin de fer de Paris à Versailles ; de telle sorte, qu'en annulant ce traité, avant même tout commencement d'exécution, les administrateurs ont par le fait rompu le pacte qui réglait les obligations de la Compagnie de l'Ouest envers l'État, pendant les quinze dernières années de leur concession.

En effet, comment appliquerait-on la clause d'après laquelle les concessionnaires du chemin de fer de l'Ouest doivent à cette époque payer à l'État *les mêmes redevances et péages qu'elle payait à la rive gauche*, lorsque, d'après la convention qu'on voudrait substituer au traité du 21 novembre 1850, il ne devrait plus être question de redevances ni de péages ?

Que tous les hommes de bonne foi apprécient le véritable caractère d'un traité qui se trouve en quelque sorte incorporé avec un acte de l'autorité législative, et ils n'hésiteront pas à penser, qu'un tel acte n'est pas de ceux qu'on peut arbitrairement annuler.

Nous terminerons par une observation qui a de la gravité.

Les concessionnaires de l'Ouest avaient certes un grand intérêt à ce qu'on *modifiât* (pour employer les termes dont s'était servi dans son rapport du 8 juillet 1852, le Conseil d'administration de la rive gauche) un traité qui, en les obligeant à abandonner la moitié des produits du chemin de fer de Versailles, les soumettait à un contrôle toujours désagréable dans ces sortes d'entreprises.

Mais ils considéraient l'acceptation du traité du 21 novembre 1850 comme une des conditions de leur concession ; il figurait au nombre des apports par eux faits à leur Société, d'après l'acte authentique qui l'avait constitué ; et sous ce double point de vue, ils se faisaient une sorte de scrupule de substituer à ce traité une convention toute différente.

C'est le Conseil d'administration de la Compagnie de la rive gauche, à laquelle la nouvelle convention était si défavorable, qui l'annonce comme définitivement arrêtée, quand elle n'existait encore qu'en projet ; et qui ensuite en presse la conclusion, non-seulement par sa correspondance, mais encore par les démarches personnelles de plusieurs de ses membres qui font le voyage de Londres dans ce but.

Comment expliquer une telle insistance pour arriver à un résultat aussi désastreux ? Les administrateurs avaient-ils dans cette négociation un intérêt opposé à celui des actionnaires ? Voulaient-ils seulement, en se réservant les émoluments de leurs fonctions, que quelques-uns d'entre eux se proposaient de continuer, sous le titre de liquidateurs, s'affranchir des soins et de la surveillance qu'exigeait l'exécution du traité du 21 novembre ? C'est ce que l'avenir dévoilera peut-être, et ce qu'il ne nous appartient pas, quant à présent, de décider.

Mais nous pensons que notre seconde proposition se trouve complétement démontrée.

III. — Il nous reste à examiner si la demande en nullité de la convention du 8 juillet 1851, peut être repoussée par le motif que cette convention aurait été d'abord approuvée par l'assemblée générale du 9 juillet 1852 ; ensuite ratifiée ou plutôt exécutée par le payement à la presque universalité des actionnaires du dividende ou intérêt de 15 francs, stipulé dans ladite convention.

Avant d'apprécier ces deux exceptions, il est utile de rappeler ce que nous venons de démontrer, qu'il s'agit d'une convention radicalement nulle, soit parce qu'elle est l'œuvre de prétendus mandataires sans pouvoirs, soit parce qu'elle aurait détruit un traité précédent, que son caractère défendait de toute atteinte.

Sous le mérite de cette double considération, examinons successivement les deux exceptions proposées par les administrateurs.

Et d'abord la validité de la prétendue approbation donnée par l'assemblée générale peut être contestée avec succès, sous ce double rapport, que rien n'établit que les actions représentées à cette assemblée fussent supérieures à la moitié du fonds social, et que la décision ait été prise à la majorité des deux tiers des voix.

Peut-être les administrateurs voudront-ils produire certains documents contre la première de ces assertions ; mais nous les prévenons que leurs preuves ne seront pas facilement admises, parce qu'ils nous ont donné le droit de révoquer en doute toutes leurs assertions.

Quant à la majorité de plus des deux tiers dans le vote, elle doit être constatée d'une manière complète par le procès-verbal lui-même, ce qui ne peut avoir lieu que lorsque le nombre des votants pour et contre a été indiqué avec précision, quand le vote a eu lieu, par assis et levé ; et d'une manière plus régulière, quand il a été procédé à un scrutin, dont le résultat a été proclamé après le dépouillement.

Le tumulte qui a régné dans cette assemblée générale du 8 juillet 1852, et la protestation énergique qui a été faite le lendemain, au nom d'un grand nombre d'actionnaires, sont aussi des circonstances graves et de nature à infirmer les décisions qui ont été prises, surtout lors-qu'il s'agissait d'un vote aussi important.

Les assemblées générales subséquentes, malgré les irrégularités de forme qu'on pourrait leur reprocher, n'en ont pas moins une grande autorité, comme manifestation de l'opinion des actionnaires, sur la conduite des administrateurs de leur Société ; et l'on sait qu'elles ont protesté, de la manière la plus formelle, contre ce qui s'était passé à la séance du 8 juillet 1852.

D'ailleurs, l'enquête à laquelle nous demandons qu'il soit procédé, pourra fournir des renseignements précieux, sur les manœuvres qui ont précédé et accompagné cette assemblée générale.

C'en est assez sur la prétendue approbation.

Il nous reste à apprécier l'objection prise de la ratification que l'on voudrait faire résulter de l'exécution de la convention du 8 juillet 1351 par le payement du dividende de 15 francs sur 19,500 actions, et le remboursement d'un certain nombre de ces actions, par suite d'un premier tirage au sort.

Celui qui affirme un fait doit le prouver ; et nous ne saurions ad-mettre, sur parole, que le payement du dividende ou de l'intérêt stipulé dans la convention du 8 juillet 1851 ait été effectué sur un aussi grand nombre d'actions ; peut-être même, dans le cours du débat, serons-nous en mesure de prouver qu'une telle assertion est inexacte.

Quant aux actions remboursées, par la voie du tirage au sort, nous ignorons, quant à présent, s'il est vrai que cette opération ait eu lieu, et qu'elle ait été faite d'une manière régulière. Quelques personnes pensent que les actions qui auraient été remboursées seraient celles des administrateurs, qui auraient trouvé commode de ne pas avoir à attendre, pendant 40 ou 50 ans, les chances du tirage ; et ce qui paraît donner quelque consistance à cette opinion, c'est que lors d'une des dernières assemblées générales, les membres du Conseil d'administra-tion, interpellés à ce sujet, n'ont pu représenter les actions que les sta-tuts de la Société les obligeaient à conserver pour garantie de leur gestion et pendant toute sa durée.

Toutefois, même en admettant l'exactitude des faits articulés, constitueraient-ils une ratification de nature à faire repousser la demande en nullité de l'acte ? Non, sans doute.

Aux termes de l'art. 1335 du Code civil : — « L'acte de confirma-tion ou ratification d'une obligation contre laquelle la loi admet l'action en nullité ou en rescision, n'est valable que lorsqu'on y trouve la substance de cette obligation, la mention du motif de l'action en res-cision et l'intention de réparer le vice sur lequel cette action est fondée. »

Rien de semblable n'existe dans l'espèce ; car on n'excipe d'aucun acte par lequel les actionnaires auraient confirmé ou ratifié la conven-tion du 8 juillet, dans les termes indiqués par l'art. 1335.

A la vérité, cet article ajoute, dans son second alinéa : — « A défaut d'acte de confirmation ou ratification, il suffit que l'obligation *soit exécutée volontairement*, après l'époque à laquelle l'obligation pou-vait être valablement confirmée ou ratifiée. »

L'expression *volontairement*, employée ici par le législateur, indique que le fait matériel ne suffit pas ; et qu'il faut que l'auteur de ce fait le considère comme une exécution de la convention qu'il pourrait attaquer plus tard.

C'est en ce sens que dispose l'art. 1109, lorsqu'il dit : — « Qu'il n'y a point de consentement valable, s'il n'a été donné que par erreur. »

Sous l'influence de ces principes, que nul ne s'avisera, sans doute, de contester, apprécions les deux faits qui, dans l'opinion des anciens administrateurs de la rive gauche, constitueraient l'exécution volon-taire de la convention du 8 juillet 1851.

Nous ne nous dissimulons pas la gravité du remboursement des actions ; et lors même que ceux auxquels ce remboursement a été fait, dans l'ignorance de la convention, d'après laquelle il a été effectué, auraient cru seulement faire une opération avantageuse, en ven-dant leurs actions à un prix bien plus élevé que celui auquel elles étaient cotées à la Bourse, on serait peut-être fondé à leur dire : qu'ayant cessé d'être actionnaires, ils n'ont plus qualité pour attaquer un acte dont les actionnaires seuls peuvent se plaindre.

Quant au fait d'avoir reçu deux ou trois semestres du dividende ou de l'intérêt de 15 francs, on ne saurait y attacher la même importance.

En effet, le Conseil d'administration avait fait afficher, à la Bourse, un avis invitant les actionnaires de la rive gauche à venir toucher un *dividende* ou un *intérêt* de 7 fr. 50 c. par action (car ces expres-sions ont été tour à tour employées dans les deux avis successivement affichés à la Bourse) ; une telle invitation était trop rare pour que l'on ne s'empressât pas d'y répondre ; car jusqu'alors la plupart des actions étaient vierges de toute estampille ; et d'autres n'avaient reçu que leur dividende de 4 francs par semestre, à partir de 1850.

Aussi les actionnaires durent-ils se présenter, en grand nombre, au siége de la Société pour toucher les 15 francs annoncés.

Est-il vrai, comme quelques personnes nous l'ont assuré, qu'au lieu de se borner, ainsi que cela était d'usage, à constater le payement par un timbre apposé au dos de l'action, on aurait en même temps exigé des parties prenantes l'apposition de leur signature sur un écrit préparé d'avance, et dont on s'abstenait de leur faire connaître le contenu?

Si une telle assertion était exacte, ce fait constituerait une manœuvre frauduleuse, au sujet de laquelle nous faisons toutes réserves.

Mais en ne considérant que le fait en lui-même d'avoir reçu un ou plusieurs semestres du dividende annuel de 15 francs, il nous est impossible d'y voir l'exécution volontaire de la convention du 8 juillet 1851.

A cet égard, il existe un parfait accord d'opinions entre les actionnaires de la rive gauche et la Compagnie de l'Ouest, plus intéressée que qui que ce soit à l'exécution de la convention dont il s'agit.

Les premiers ont déclaré, à l'unanimité, dans leurs réunions des 4 et 19 juillet 1853 : — « Qu'ils considéraient la somme versée, soit par la Compagnie de l'Ouest, soit par toute autre Compagnie, comme un à-compte sur ce qui était ou pourrait être dû à chaque actionnaire, d'après les comptes qui seront ultérieurement établis. »

Dans le rapport par lui fait à ses actionnaires, le 13 février 1853 (lorsque le payement d'un premier dividende de 7 fr. 50 c. avait déjà eu lieu), le Conseil d'administration de la Compagnie de l'Ouest leur annonçait :

— « Qu'il allait demander aux administrateurs de la rive gauche de faire déclarer *par une délibération de l'assemblée générale des actionnaires*, que la quittance donnée par eux des semestres payés emporterait pleine et entière décharge, à l'égard de tous et de chacun des actionnaires. »

C'était reconnaître implicitement ce que nous venons nous-même de démontrer, que la nullité de la convention du 8 juillet 1851 ne se trouvait couverte ni par la prétendue approbation que lui aurait donnée l'assemblée générale du 8 juillet 1852, ni par la prétendue exécution que l'on voudrait faire résulter de ce que le dividende de 15 fr. aurait été payé sur un plus ou moins grand nombre d'actions.

§ V. — **Nullité de la délibération indiquant la date du 2 juillet 1853, et par laquelle le Conseil d'administration a déclaré la Société dissoute et choisi trois de ses membres comme liquidateurs.**

Avant de fixer notre attention sur les circonstances vraiment étranges qui ont accompagné la dissolution de la Société, posons quelques principes élémentaires, dont les tribunaux ont eu fréquemment à faire l'application.

L'article 42 du Code de commerce veut que l'extrait des actes de société en nom collectif et en commandite soit, *dans la quinzaine de leur date*, remis au greffe du tribunal de commerce, transcrit sur le registre et affiché pendant trois mois dans la salle d'audience, *à peine de nullité à l'égard des intéressés*.

Les deux articles suivants indiquent ce que doit contenir l'extrait et par qui il doit être signé.

Ces dispositions sembleraient n'être applicables qu'aux sociétés en nom collectif et en commandite ; mais voici ce qu'on lit dans les articles 45 et 46 :

« Art. 45. L'ordonnance du Roi qui autorise les Sociétés anonymes devra être affichée avec l'Acte d'association et pendant le même temps.

« Art. 46 Toute continuation de Société, après son terme expiré, sera constatée par une déclaration des coassociés.

« Cette déclaration et *tous actes portant dissolution de Société avant le terme fixé pour sa durée*, par l'Acte qui l'établit, tout changement ou retraite d'associés, toutes nouvelles stipulations ou clauses, tout changement à la raison de Société sont soumis aux formalités prescrites par les articles 42 et 43.

« En cas d'omission de ces formalités, il y aura lieu à l'application des dispositions pénales de l'article 42, dernier alinéa. » (La nullité de l'acte à l'égard des parties intéressées).

Ainsi, sans qu'il soit besoin d'examiner s'il y avait lieu à dissoudre la Société, et si les administrateurs avaient qualité pour prononcer la dissolution, sans l'intervention de l'assemblée générale des actionnaires, il est manifeste que l'acte portant la date du 2 juillet 1853, et enregistré le 12 décembre de la même année, par lequel le Conseil a déclaré la Société dissoute, est radicalement nul, pour n'avoir été déposé et publié en extrait que le 25 avril 1854, c'est-à-dire neuf mois et vingt-trois jours après sa date, et quatre mois et treize jours après son enregistrement.

Combien ce moyen de droit n'acquiert-il pas de force, si l'on se reporte aux circonstances dans lesquelles aurait été prise la délibération du 2 juillet 1853 !

Et d'abord, cette date ne saurait faire foi ; ce n'est qu'à l'époque de son enregistrement, c'est-à-dire le 12 décembre suivant, que l'acte émané des administrateurs a acquis une existence légale, à l'égard des tiers.

Or, à cette époque et par leurs délibérations successives des 4 et 19 juillet 1853, les actionnaires avaient usé du droit de révocation que leur accordait l'article 31 du Code de commerce. Les membres du Conseil d'administration avaient cessé d'être les mandataires d'une société, au moment où ils s'arrogeaient le droit de la dissoudre.

Et toutefois, comme pour mettre le comble à un tel scandale, prévoyant que des liquidateurs, pénétrés de l'importance de leur mission, pouvaient avoir à leur demander un compte sévère de leur déplorable administration, ils chargent trois d'entre eux de la liquidation de la Société.

Auront-ils le courage de prétendre qu'ils n'ont fait en cela qu'user des pouvoirs qui leur avaient été conférés ; et que, puisqu'ils avaient le droit de nommer les liquidateurs, rien ne les empêchait de se nommer eux-mêmes ?

Nous avons la conviction que cette étrange interprétation ne pourrait être admise par des hommes aux yeux desquels les inspirations de la conscience ont plus de poids que les arguties et les sophismes.

Si le devoir des liquidateurs est de constater la situation active et passive d'une société, un tel devoir ne peut être rempli par ceux-là mêmes qui ont à rendre compte de leur longue et désastreuse gestion.

La discussion rapide à laquelle nous venons de nous livrer, a sans doute besoin d'être complétée, pour éclairer ceux qui seront appelés à prononcer comme juges ; mais nous avons eu surtout pour but de présenter avec ensemble les actes et les faits qui se sont accomplis depuis dix ans, afin que chacun puisse fixer son opinion, en pleine connaissance de cause, sur la situation déplorable que les administrateurs de la rive gauche ont faite à leurs actionnaires.

Delpon, Piéton, Fouché, Legrand, Bernard,
Chailly, Normand, *actionnaires.*

Me CRÉMIEUX , *avocat plaidant.*
Me SIBIRE, *avoué.*

www.ingramcontent.com/pod-product-compliance
Lightning Source LLC
Chambersburg PA
CBHW031732210326
41519CB00050B/6219